AF139330

Träume nicht nur, sondern reise dorthin,
wo noch die Büffel über die Prärie ziehen

Amerikaverrückt

Von Denver zum Yellowstone National Park

Ein informativer Reisebericht mit vielen praktischen Tipps von

Petra Berneker

FSC
www.fsc.org
MIX
Papier aus ver-
antwortungsvollen
Quellen
Paper from
responsible sources
FSC® C105338

Bibliografische Information der Deutschen National-
bibliothek:
Die Deutsche Nationalbibliothek verzeichnet diese
Publikation in der Deutschen Nationalbibliografie;
detaillierte bibliografische Daten sind im Internet über
http://dnb.dnb.de abrufbar.

© 2014 Petra Berneker
Fotos von Claus und Petra Berneker

Herstellung und Verlag: BoD – Books on Demand,
Norderstedt

ISBN: 978-3-7357-9132-0

Inhaltsverzeichnis

Vorwort

Nach zahlreichen Reisen in den Südwesten und den Osten der USA stand 2009 für meinen Mann Claus und mich mal wieder die Planung für einen Urlaub an. Freunde hatten uns immer wieder erklärt, dass wir doch schon so oft in den USA waren, da müssten wir doch eigentlich alles kennen. Aber war dem wirklich so? Ein Blick auf unsere Magnettafel mit der Landkarte (0.1) verriet uns, dass es da noch eine ziemlich große weiße Fläche gab – die Prärie nördlich von Denver, die Bundesstaaten Nebraska, South Dakota, Wyoming und Montana. Schnell erkannten wir auch, dass sich eine solche Rundreise prima mit dem Besuch des Yellowstone National Park verbinden ließ.

Zwar waren wir vor Jahren schon einmal im Yellowstone NP, damals sind wir allerdings aus Kanada angereist und hatten viel zu wenig Zeit, da unser Schwerpunkt eher nördlich lag.

Die Reisezeit Mitte Mai erschien uns ideal, und so machten wir uns auf den Weg. Es wurde einer unserer schönsten und interessantesten Urlaube. Auch wenn das Wetter nicht immer mitspielte, so hat uns die unendliche Weite der Prärie doch stark beeindruckt, die Tierwelt und die Landschaft haben bleibende Erinnerungen hinterlassen. Außerdem haben wir einen tiefen Einblick in die Geschichte des "Wilden Westens" und hier vor allem der Siedlertrecks auf dem Oregon Trail und der Indianerkriege in dieser Region gewonnen.

Für einen ersten Urlaub in den USA sind Kalifornien oder der Südwesten mit den großen Nationalparks sicher zugkräftiger. Doch wer sich neben der fantastischen Landschaft noch für die Geschichte der

Besiedlung des Westens interessiert oder wen der Film "Der mit dem Wolf tanzt" zu Tränen gerührt hat, der sollte sich diese Gegend unbedingt ansehen. Wir haben die Prärie "erfahren", und ich möchte Sie an unseren Erlebnissen teilhaben lassen.

Beim Schreiben fiel mir auf, dass mein Bericht, um auch für den USA-Anfänger verständlich zu werden, eine Reihe von Hinweisen und Tipps oder auch weiterführenden Informationen benötigte. Diese finden Sie (neben meinen "klugen" Sprüchen) am Ende eines jeden Kapitels unter diesem Zeichen:

☺☻☹

Am Schluss habe ich für Sie noch weiterführende Literatur über diese Region und informative Links im Internet zusammengestellt.

Begleiten Sie uns nun auf unserer Reise und entdecken Sie mit uns ein wunderschönes Land, welches uns immer faszinieren wird, erleben Sie Freiheit und Abenteuer und genießen Sie den Himmel vor allem über Montana und die wild lebenden Bisons in der Prärie.

Und wenn es Ihnen gefallen hat, fahren Sie hin!

Hochheim, im April 2014

Petra Berneker

1. Durango, Tahoe oder Acadia

Unser heutiger Taxiservice kommt um 6.45 Uhr. Wir wollen einen neuen ausprobieren, da der alte uns immer ein wenig in Aufregung versetzt hat, denn Pünktlichkeit war nicht so seine Sache. Der neue Fahrer fängt aber gleich mit einer schlechten Nachricht an, der vereinbarte Fahrpreis müsse leider erhöht werden. Die Benzinpreise seien gestiegen! Da wir keine Lust haben, den Urlaub gleich mit Stress anzufangen und uns ein neues Taxi zu bestellen, fügen wir uns. Die Pauschale soll zum Terminal 2 des Frankfurter Flughafens ganze 39,00 € kosten. Der Fahrer schaltet dann dummerweise noch das Taxameter ein und ich sehe, das der genaue Fahrpreis 39,20 € beträgt, das Trinkgeld ist gestrichen! Wir werden es wohl mal wieder mit einem neuen Taxiunternehmen versuchen müssen (oder mit dem alten!) (1.1).

Wir fliegen heute mit Delta Airlines, der Flug soll pünktlich abgehen. Terminal 2 ist ganz leer. Von den gestern noch im Internet wegen Überbuchungen gesuchten Volunteers (1.2) ist keine Rede mehr.

Die Flugzeit beträgt heute 9 Std. 11 Minuten. Ich vertreibe mir die Zeit mit Spielen, Claus schläft einen Film. Zum angekündigten Lunch kommt die unvermeidliche Frage: Chicken or Pasta (Pasta ist die falsche Wahl – die Cannelloni sind mit einer undefinierbaren Pampe gefüllt). Kurz vor der Landung in Atlanta gibt es noch einen Snack – Pizza. Nein, danke!!!! Gut, dass ich uns ein Brot geschmiert hatte. Aus irgendeinem Grund vertrage ich das Essen an Bord amerikanischer Airlines nicht. An der gesamten Ostküste ist schlechtes Wetter – keine Bodensicht. Der Kapitän ist

ganz stolz darauf, dass er so schnell ist und die Flugzeit unter 9 Std. beträgt. Nützt ihm und uns aber
nichts, denn nach der Landung müssen wir auf ein
freies Gate warten. Und dann kommt der Immigration
Officer – oder besser gesagt, er kommt nicht. Wir
stehen mehr als eine geschlagene Stunde am Schal-
ter, so lange wie schon seit Urzeiten nicht mehr. Der
Flughafen ist rappelvoll und die Beamten völlig über-
lastet. Aber wir haben genug Zeit und mit Warten
kann man die Zeit zwischen den Flügen auch zubrin-
gen. Außerdem hat man Gelegenheit, die Gespräche
von Mitreisenden zu belauschen und sich über die
Dummheit der Menschen zu amüsieren. Da regen
sich Leute über den schlechten Service an Bord auf
(er war nicht schlecht – und die Maschine war in einem sehr guten Zustand), und dann stellt sich heraus,
dass sie bemängeln, dass der Alkohol an Bord nicht
kostenlos ist.
Wir sind gerade rechtzeitig zum erneuten Boarding für
den Flug nach Denver am neuen Gate. Kaum sitzen
wir im Flugzeug, schläft mein Mann auch schon wieder ein. Ich mache Sudoku. Leider ist die innerameri-
kanische Maschine nicht so komfortabel wie die des
Transatlantikfluges. Das Spiel, welches dort im Medi-
acenter im Rücksitz des Vordermanns integriert war,
ist hier zwar auch vorhanden, funktioniert aber nur
nach Aktivierung durch eine Kreditkarte – kehre ich
also wieder zu Papier und Bleistift zurück. Essen
muss man auch kaufen, nur die Getränke (alkohol-
frei!) sind kostenlos. Wir haben aber keinen Hunger.
Pünktlich um 17.30 Uhr Ortszeit (Mountain Time) landen wir in Denver. Unser Gepäckband ist schnell gefunden und unsere Koffer kreisen schon.
Es folgt der Teil des Urlaubs, den ich hasse! Den
Transfer zur Vermietstation, egal, wie schnell er auch
geht, empfinde ich immer – vor allem wegen des mit-
zuschleppenden Gepäcks – als ausgesprochen lästig.

Bei Alamo gibt es zudem heute noch ein paar kleinere Probleme. Das gemietete Auto erweist sich als sehr klein (wo sollen wir da unsere Koffer lassen?) und Claus entscheidet sich für ein Upgrade. Wir bezahlen für dieses Upgrade um eine Stufe 11 $ pro Tag, sollen als zusätzliche Sonderleistung aber einen Wagen zwei Kategorien größer bekommen (1.3). Was wir dann aber auf dem Parkplatz vorgeschlagen bekommen, gleicht doch schon eher einem Bus. Der Chevrolet Tahoe und der Dodge Durango sind jeweils 7-Sitzer, der uns angebotene Toyota hat sogar 8 Sitze (sollen wir uns klonen?). Leider kann man die Sitze weder herausnehmen noch platzsparend umklappen. So hätten wir also ein riesiges Auto, könnten jeden Anhalter der Galaxie mitnehmen, aber unsere Koffer nicht vernünftig verstauen. Außerdem haben alle Wagen ihre besten Zeiten schon hinter sich. Es folgen längere Diskussionen mit dem Mitarbeiter an der Wagenausgabe (1.4), da es hier keine Choiceline (1.5) gibt. Dieser will gar nicht verstehen, dass wir keinen Bus und auch keinen Wagen mit abgefahrenen Reifen haben wollen. Schließlich schaltet sich der General Manager ein und umgehend erscheint, frisch aus der Waschanlage, ein erstklassiges Fahrzeug. Der nun angebotene GMC Acadia ist mit Abstand die nobelste Karosse, die wir je hatten, Lederlenkrad, belüftete Sitze, Notfallknopf, Rückfahrkamera und, und, und. O.K., den nehmen wir.

Diese Riesenkisten wollen wir nicht

TOMTOM (1.6) bringt uns nun schnell und zügig zu unserem vorgebuchten Hotel in Louisville in der Nähe von Boulder (1.7). Das La Quinta Inn (1.8) gefällt uns sehr gut. Wir haben ein schönes, großes, sauberes Zimmer. Direkt gegenüber ist ein Albertsons (1.9). Da wir zu müde für die Suche nach einem Restaurant oder für den Besuch eines solchen sind, gehen wir ein paar Kleinigkeiten einkaufen: ein Sandwich, Salat, Joghurt, Brot (klingt gesund, nicht wahr?). Aber auch Chips und Nüsse wandern in unseren Einkaufskorb. Vor allem aber brauchen wir Wasser und Orangensaft. Alles wird – zum Decken des Bargeldbedarfs – mit Traveller Cheques bezahlt (1.10). Wir essen auf unserem Zimmer und dann wird es wirklich Zeit fürs Bett.

0.1

Hier macht sich mal wieder mein Sammeltrieb bemerkbar. Wir haben uns vor Jahren eine Magnettafel aus den USA mitgebracht und sammeln nun die einzelnen Magneten der Bundesstaaten, die wir schon bereist haben. So können wir auf einen Blick sehen, wo noch weiße Flächen sind.

Wie so eine Magnettafel aussieht, finden Sie unter: www.internationalgiftitems.com/state-magnets-usa

Leider sind diese Tafeln momentan in Deutschland nicht erhältlich und eine Bestellung in den USA wegen der hohen Versandkosten nicht sinnvoll. Kaufen Sie besser eine bei Ihrem nächsten Besuch direkt vor Ort.

1.1

Da wir in der Nähe des Flughafens wohnen, gönnen wir uns einen Taxiservice. Normalerweise beträgt die Pauschale nicht mehr als 30 €. Dafür kann man am Flughafen nicht parken.

1.2

Wenn die Flüge überbucht sind, suchen die Airlines manchmal schon am Vortag Volunteers (= Freiwillige), die einen anderen, späteren Flug nehmen wollen oder können. Dafür werden dann Entschädigungen gezahlt oder man bekommt einen Gutschein über Meilen für einen anderen Flug. Wir haben diese Möglichkeit schon zwei-, dreimal genutzt und sind so zu günstigen Flugmöglichkeiten gekommen.

1.3

Bei der Buchung dieser Klasse in Deutschland hätte uns der Wagen 20 € pro Tag mehr gekostet.
Wir rechnen vorab immer aus, was ein Upgrade kosten darf. Die Versicherungen und alle anderen Mietbedingungen bleiben bestehen, so dass es günstiger sein kann, ein Upgrade in den USA zu nehmen, als in Deutschland schon eine höhere Kategorie zu buchen.

1.4

Die Zeiten, in denen wir jedes angebotene Auto klaglos akzeptiert haben, sind vorbei. Wenn man immer schön freundlich, aber beharrlich bleibt, kann man häufig erfolgreich verhandeln.

1.5

Als Choiceline bezeichnet man eine Reihe auf dem Parkplatz der Vermietstation, in der die Autos einer bestimmten Kategorie stehen. Aus diesen kann sich der Kunde dann ein Auto gemäß seiner Buchung aussuchen.

1.6

Wir haben uns schon vor einiger Zeit ein Navi mit einer amerikanischen Straßenkarte zugelegt, da unser Navi zu Hause in das Auto eingebaut ist.

Manchmal findet man auch schon in den Mietwagen ein eingebautes Navi, aber davon sollten Sie nicht ausgehen. Ein Navi zu mieten, ist schon bei drei Wochen Urlaub häufig teurer, als eines vor Ort zu kaufen. Und wer weiß, vielleicht kommen Sie ja noch einmal nach Amerika?!

Günstige Navis gibt es u. a. bei Walmart. Stöbern Sie mal unter www.walmart.com nach einem GPS-Gerät.

1.7

Normalerweise buchen wir keine Hotels auf unseren Rundreisen vor. Da wir außerhalb der Hochsaison unterwegs sind, können wir uns ein Hotel vor Ort suchen, da sieht man gleich, was man bekommt. Wir lassen uns übrigens auf der Rundreise immer die Zimmer zeigen und ich kontrolliere die Bettwäsche.

Einzige Ausnahme ist die erste Nacht. Wenn man ankommt, hat man mit Mietwagenübernahme und langem Flug für diesen Tag genug getan und keine Lust mehr, ein Hotel zu suchen.

Auch die letzte Nacht buchen wir gelegentlich vor, z. B., wenn der Flug am nächsten Morgen sehr früh geht und wir keine weite Anreise zum Flughafen in Kauf nehmen wollen.

La Quinta ist eine Hotelkette, mit der wir gute Erfahrungen gemacht haben. Wenn man eine Hotel- oder Motelkette entdeckt hat, in der man sich wohlfühlt, so kann man in der Regel davon ausgehen, dass die anderen Häuser der Kette in etwa die gleiche Ausstattung bieten und meist auch ziemlich identisch aussehen.
Es gibt in den USA eine Unmenge an Hotelketten in unterschiedlichsten Preisklassen.

Das La Quinta Inn in Louisville bei Denver

Albertsons ist eine weit verbreitete Lebensmittelkette, etwa in Deutschland vergleichbar mit Rewe. Achten Sie beim Einkauf auf die reduzierten Preise für den Einkauf mit Kundenkarten. Einige Geschäfte, u. a. eben Albertsons, aber auch safeway bieten Kunden

karten, mit denen man viele Artikel günstiger bekommt. Diese kann man am Customer Service am
Eingang kostenlos erhalten. Man muss dazu kein Bür-
ger der USA oder Kanadas sein, man bekommt nur
einen Anmeldezettel zum Ausfüllen. Die Kundenkarten sind übrigens schon beim ersten Einkauf einsetz-
bar. Also einfach nur fragen. Die Preisnachlässe können gewaltig sein.

Ein Geschäft der Lebensmittelkette Albertsons

1.10

Die meisten Rechnungen in den USA werden Sie mit
Kreditkarte begleichen. Da aber auch ein kleiner Vor-
rat an Bargeld nützlich ist, kaufen wir vor dem Urlaub
Traveller Cheques. Diese sind versichert. Sollten sie
gestohlen werden, werden sie dann innerhalb kürzes-
ter Frist ersetzt. Außerdem kann man sie in Deutschland dann kaufen, wenn der Umrechnungskurs am
günstigsten ist. Traveller Cheques werden wie Bargeld behandelt. Und mit dem Wechselgeld decken wir
dann unseren Bargeldbedarf.

2. Erster Blick auf die Rockies

Wir haben mehr schlecht als recht geschlafen, der Jetlag macht sich wieder einmal bemerkbar. Seitdem wir uns aber angewöhnt haben, uns davon nicht mehr aus der Ruhe bringen zu lassen (schließlich sind wir im Urlaub und nicht auf der Flucht), mache ich schon gegen 6 Uhr das Hotel unsicher. Das Frühstück ist gut, das Buffet mehr als ausreichend mit frischen Waffeln, Cereals, Joghurt und sogar hart gekochten Eiern. Gestärkt machen wir uns gegen 8 Uhr auf in Richtung Boulder. Erster Halt ist ein View Point, von dem wir das erste Mal richtig die Berge sehen, sogar mit Schneekuppen.

Unser GMC Acadia sieht die Rocky Mountains

In Boulder finden wir nach einigem Suchen den AAA (2.1) und statten uns mit Kartenmaterial aus. Gleichzeitig erstehen wir noch eine Kofferwaage (2.2) für den Rückflug – just in case. Über die Baseline Road geht es zum Chautauqua Park Dieser Park ist ein zauberhaftes Naherholungsgebiet direkt am Stadtrand von Boulder. Wunderschöne Wanderwege durchziehen die Landschaft und man hat von vielen Stellen aus herrliche Ausblicke über das Boulder Valley, die Indian Peaks und die Rocky Mountains. Hat man wenig Zeit, kann man den Park auch auf der Flagstaff Road von Aussichtspunkt zu Aussichtspunkt durchfahren und an den Aussichtspunkten anhalten. Wir zahlen die 3 $ Eintritt und entscheiden uns für eine Kombination beider Möglichkeiten, wir fahren die Straße entlang, halten aber immer wieder und laufen ein Stück. Die Sonne scheint und der Blick auf die Berge ist einfach faszinierend. Das erste Mal läuft unsere Kamera zu Hochform auf.

Erster Blick auf die Rockies im Chautauqua Park

Aber wohin wir auch kommen, wir werden immer von Radfahrern verfolgt. Es scheint hier irgendwo ein Nest zu geben. Wir erfahren später, dass Boulder aufgrund seiner Höhenlage von über 1600 m und seines trockenen Hochgebirgsklimas mit fast 300 Tagen Sonnenschein im Jahr als idealer Trainingsort für Ausdauerathleten gilt.

Die Sonne scheint auch heute und wir sind richtig berauscht von dem schönen Wetter. An einem besonders schönen Aussichtspunkt machen wir ein kleines Picknick. Anschließend geht es hinunter nach Downtown Boulder. Wir bummeln durch die Fußgängerzone und besichtigen(!) eine Buchhandlung (sie ist riesig und hat neben der modernen auch eine antiquarische Abteilung, außerdem ist die Innenausstattung historisch). Es warten Fotomotive in ungeahnter

In der Downtown von Boulder

Zahl auf uns. Überall sind Blumen angepflanzt und alles ist bunt. So langsam macht sich allerdings wieder der Jetlag bemerkbar – wir werden müde. Also ab in Richtung Hotel. Aber zuerst lockt uns noch der Campus der University of Colorado, der einen Abstecher und ein paar Fotos mehr als wert ist. Die University of Colorado at Boulder ist die bedeutendste Universität Colorados und eine der sog. Public Ivies (2.3) der USA sowie der wichtigste Arbeitgeber der Stadt. Fast ein Drittel der Einwohner Boulders sind Studenten. Dies prägt natürlich auch die Atmosphäre der Stadt – und wohl auch die Größe und Ausstattung der Buchhandlungen.

Wir wollen auch heute noch einen Walmart finden, denn wir brauchen noch ein paar Ausstattungsteile wie z. B. eine Kühlbox. Gleich im Nachbarort von Louisville finden wir einen. Schnell sind die Teile auf

Ein Walmart Supercenter

unserer Liste (<u>2.4</u>) erstanden, dann geht es endgültig zurück ins Hotel. Das Wetter ist zum Abend hin schlechter geworden, Wolken haben sich vor die Sonne geschoben und es ist deutlich kälter geworden.

2.1

Die Anschrift des AAA, des amerikanischen Automobilclubs, habe ich mir zwar schon vorher im Internet herausgesucht, aber die Geschäftsstelle ist umgezogen in einen Neubau, daher die Suche.
Das Kartenmaterial des AAA einschließlich der sogenannten Tourbooks, die einem abgespeckten Reiseführer mit Werbung gleichen, ist für deutsche Automobilclubmitglieder kostenlos. Denken Sie daran, ihren Mitgliedsausweis vom ADAC oder ACE mitzunehmen.

2.2

Leider werden die Gewichtsbeschränkungen für das Gepäck immer restriktiver. Wir denken manchmal noch wehmütig an die himmlischen Zeiten zurück, wo ein Reisender zwei(!) Gepäckstücke à 32(!) kg mitnehmen durfte.
Die Preise für zusätzliche Gepäckstücke sind in den letzten Jahren rasant gestiegen, genauso wie die Kosten für Übergewicht, deshalb die Kofferwaage. Ich möchte mir das Umpacken der Koffer am Flughafen ersparen.

2.3

Public Ivy ist eine umgangssprachliche Bezeichnung für eine staatliche Hochschule (im Unterschied zu einer privaten) in den USA, die einen ausgezeichneten akademischen Ruf genießt.

2.4

Ich habe eine Liste für die Ersteinkäufe dabei. Im Laufe der Jahre haben sich ein paar Dinge herauskristallisiert, die wir in jedem Urlaub kaufen, weil sie uns den Urlaub einfach angenehmer machen, so z. B. die Kühlbox (wir sind keine Freunde von warmen Getränken und da man in jedem Hotel Eis bekommt, ist dies für uns eine praktische Lösung) oder zwei Gläser (aus Glas, nicht aus Plastik) und ein paar kleine Schälchen und Teller für die abendliche Versorgung im Motel oder Alufolie für das Verpacken von Resten. Auch Küchentücher haben sich für allerlei Reinigungsarbeiten am/im Auto oder im Hotelzimmer als praktisch erwiesen.

3. Trail Ruts auf dem Oregon Trail

Heute greift zum ersten Mal die morgendliche Routine bei uns, wir haben gut geschlafen, frühstücken, packen unser Auto und fahren los. Es ist lausig kalt, nur 44 °F (3.1). Unser erstes Ziel heute ist Cheyenne, die Hauptstadt von Wyoming. Wir wollen das State Capitol besichtigen. Doch wir haben nicht daran gedacht, dass heute Samstag ist: das Capitol ist geschlossen. Wir machen nur ein paar Bilder von außen, dies geht aber ziemlich schnell, denn es ist sooooo kalt. Außerdem finden wir die Stadt hässlich (ein Eindruck, der sich beim zweiten Besuch nicht aufrechterhalten lässt, liegt wahrscheinlich am schlechten Wetter). Nach dem Rundgang um das Capitol fahren wir die Hauptstraße entlang zum Bahnhof. Das dort befindliche Museum springt uns (noch) nicht an. Einzig der Farmers Market weckt unser Interesse, wir sehen uns um und kaufen ein Stück Kuchen, welches wir nun mit uns herumschleppen müssen. Später stellen wir aber fest, dass sich dieses Herumschleppen gelohnt hat, denn der Kuchen ist ganz hervorragend. Dann entdecken wir einen Wrangler Shop. Wir brauchen ein wenig Wärme und gehen hinein, "besichtigen" ein paar Stiefel und kaufen für Claus eine graue Jeans. Die Auswahl ist wirklich überwältigend.
Weiter geht es "on the road". Glücklicherweise wird nun mit jeder Meile das Wetter besser (es muss doch an Cheyenne liegen). Unser nächstes Ziel sind die Guernsey Trail Ruts am North Platte River. Diese National Historic Landmark ist ein Teil des Oregon Trail. Hier kann man sehen, wie die Räder der Planwagen, in denen die Siedler um die Mitte des 19.

Jahrhunderts nach Westen zogen, den Felsen verändert haben. Die Furchen sind gut auszumachen und an einigen Stellen bis zu 5 feet (ca. 1,5 m) tief in den Sandstein gegraben. Diese Stelle gilt als die besterhaltene der ganzen Wegstrecke.

Das ist schon beeindruckend. Außerdem genießen wir den kleinen Spaziergang durch das Gebiet, weil die Sonne so schön scheint.

Schwalbennester am Register Cliff

Ein kurzes Stück weiter die Straße hinunter befindet sich das Register Cliff, welches sich über 100 feet hoch über das Tal des North Platte River erhebt. Man kann hier auf einem kurzen Wanderweg unterhalb des Cliffs entlanggehen. Zur Zeit des Oregon Trail war dies ein beliebter Lagerplatz für die Nacht. Die Siedler ritzten ihre Namen in den Felsen. Wir lesen auf einer Tafel, dass die frühesten Namen aus den späten 1820er Jahren stammen, die meisten heute noch gut lesbaren Namen sind aus der Zeit zwischen 1840 und 1850. Natürlich haben heutige Touristen diese Tradition nahtlos fortgesetzt. Was uns aber hier viel mehr fasziniert, sind die vielen Schwalbennester unterhalb der Klippen. Es herrscht eine unglaubliche Bewegung in der Luft, Junge werden gefüttert und überall schwärmen die Eltern herum.

Wir sehen uns noch den nahegelegenen Siedlerfriedhof an, auf dem sich die Gräber von drei unbekannten Pionieren befinden, dann geht es weiter zur Fort Laramie National Historic Site. Dies ist ungefähr eine Tagesreise vom Register Cliff entfernt (damals, wir brauchen heute mit dem Auto für die 18 Meilen knapp eine halbe Stunde). Unser Reiseführer zeigt zwei Sternchen (3.2), und dies völlig zu Recht. Zuerst gehen wir, wie immer, wenn wir ein National Monument oder einen National Park besuchen (3.3), in das Visitor Center. Hier sehen wir uns den Einführungsfilm an.

Fort Laramie National Historic Site

So bekommen wir einen guten Überblick über die Anlage. Nach dem Motto, man sieht nur, was man weiß, können wir alles viel besser einordnen. Im angeschlossenen Gift Store kaufen wir noch zwei Nationalpark-Hefte (3.4) und erkunden dann das Gelände. Es gibt neben zahlreichen Ruinen auch noch komplette Gebäude, die man besichtigen kann. Da das Wetter weiterhin sonnig ist, schlendern wir gemächlich zwischen den Gebäuden herum, die um den Exerzierplatz verteilt sind. Jahrzehntelang diente das Fort als Handelsposten und als Einkaufsmöglichkeit für die vorbeiziehenden Trecks nach Westen. Hier waren auch während der Indianerkriege Soldaten stationiert. Als diese "Indian Wars" dann schließlich endeten, sank auch die Bedeutung von Fort Laramie. Zwischen 1890 und 1938 verfielen die Gebäude, dann wurde das Fort Teil des National Park Service.

Zum Abschluss besichtigen wir das größte und schönste Gebäude, das Battalion Quarter. Der Schlafraum und der Verpflegungsraum sind völlig restauriert und bieten eine Fülle von Fotomotiven. Hier kann man gut nachvollziehen, unter welchen Bedingungen die Soldaten in einem solchen Fort damals gelebt haben.

Schlafraum der Soldaten in Fort Laramie

Die Besichtigung von Fort Laramie hat mal wieder länger gedauert als geplant, deshalb werden wir unser nächstes Vorhaben, die Besichtigung des Scotts Bluff National Monument, heute sicher nicht mehr schaffen. Wir gehen auf Quartiersuche. Auf dem Weg zum Ziel des nächsten Tages liegt die Kleinstadt Torrington, wo wir ein passendes Hotel finden wollen. Aber es kommt immer anders, als man denkt. Das erste Hotel in Torrington ist ausgebucht(!), obwohl kein Auto auf dem Parkplatz steht. Wir glauben nicht so recht daran, vermuten andere Gründe, aber dies bringt uns auch nicht weiter. Das zweite Hotel, ein Holiday Inn Express, ist uns viel zu teuer, wer will schon 129 $ in dieser Einöde bezahlen. Also weiter. In Morrill (suchen Sie diesen Ort nicht auf der Karte, er besteht eigentlich nur aus einer Kreuzung und ein paar Häusern, hat aber laut Straßenschild 974 Einwohner), finden wir ein Hotel der Oak Tree Kette. Ich versuche meinen alten Trick und schicke Claus erst einmal alleine in das Hotel hinein (3.5). Und es klappt, er kommt mit einem Zimmerschlüssel und einem Preis von 57,80 $ wieder. Das Zimmer ist groß und sauber und durchaus in Ordnung für eine Nacht. Allerdings gibt es kein Frühstück (3.6). Wir beschließen den Tag mit einem Abendessen auf unserem Zimmer. Die Unterhaltung im TV kommt uns bekannt vor, es läuft "Deal or no Deal" und danach Terminator (Arnold Schwarzenegger klingt auf amerikanisch ganz anders, lustig irgendwie!).

3.1

In den USA werden die Temperaturen nicht in Grad Celsius, sondern in Grad Fahrenheit gemessen. Wenn Sie den Taschenrechner daheimlassen wollen, können Sie schnell nach dieser Faustformel umrechnen:

Fahrenheit in Celsius:
Temperatur(F) - 30 / 2

Meint: 44 °F in unserem Fall:
44 - 30 = 14 / 2 = 7 °C.

Umgekehrt rechnen Sie Celsius in Fahrenheit so um:
Temperatur(C) * 2 + 30

Diese Methode gibt nur Werte "Pi mal Daumen" wieder, ist aber für einen schnellen Überblick ausreichend.

3.2

Eine Liste der Reiseführer finden Sie am Ende des Buches: siehe 25. Literaturliste

3.3

An dieser Stelle wie immer mein Hinweis auf den Annual Pass des National Park Service. Er kostet (Stand Feb. 2014) 80 $, ist für ein Jahr gültig und deckt den

Eintrittspreis für den Fahrer und alle Insassen eines Fahrzeugs ab. Wird der Preis pro Person erhoben, deckt der Pass 4 Personen ab.
Nähere Informationen unter:
www.nps.gov/findapark/passes.htm

3.4

Unter dem Titel "Story Behind the Scenery" gibt der National Park Service eine Reihe von Heften heraus, die sich näher mit den einzelnen Parks befassen. Aus meiner Sicht sind die Hefte sehr informativ, aber leider nicht mehr alle auf dem neuesten Stand. Eine vollständige Auflistung findet man unter: www.kcpublications.com

3.5

Es hat sich in der Vergangenheit gezeigt, dass mein Mann an der Hotelrezeption besser verhandeln kann als ich. Er scheut sich auch nicht, das Hotel wieder zu verlassen, wenn es ihm zu teuer ist.

3.6

Nicht in jedem Hotel oder Motel gibt es Frühstück, und wenn, ist die Qualität durchaus unterschiedlich. "Continental Breakfast" ist meist nur ein abgepackter Donut, Orangensaft und Kaffee, "Hot Breakfast" verspricht zumindest Rührei, meist mit Bacon (Schinken)

oder Waffeln zum Selbstbacken im Waffeleisen. Dazu gibt es Toast mit Marmelade. Quark nach deutschem Vorbild werden Sie in den USA nicht finden (auch nicht im Supermarkt), als Ersatz gibt es Frischkäse, meist der Marke Philadelphia. Den dafür aber in allen möglichen und unmöglichen Geschmacksrichtungen.

Improvisiertes Frühstück auf dem Zimmer

4. 400 Meilen zum Golden Spike

Ein wenig steckt uns die Zeitumstellung doch noch in den Knochen, was sich aber vor allem dadurch bemerkbar macht, dass wir morgens früh wach sind. So starten wir schon am frühen Morgen in Richtung Scotts Bluff. Das Wetter wird immer besser, sonniger und wärmer.

Wir sind die ersten Besucher im Visitor Center. Der Ranger startet extra für uns die Slideshow (4.1). So erfahren wir, dass man am Eingang, noch vor dem Visitor Center, auch Spuren des Oregon Trails besichtigen kann, einschließlich eines aufgebauten Planwagens. Wir besteigen den Planwagen und versuchen uns vorzustellen, wie das Leben hier drinnen auf einer Reise von mehreren Monaten gewesen sein muss. Dann folgen wir dem ausgeschilderten Rundweg auf den Berg hinauf. Schließlich bedeutet das Wort Bluff "Klippe" und von dieser hat man eine fantastische Aussicht in die Ferne. Nach Osten geht es hinaus auf die Plains, es ist alles eben. Nach Westen beginnen die ersten Berge der Rocky Mountains. Waren die Siedler, die meist in der Anfangsphase des Trails aus Independence in Missouri kamen, nicht bis zu einem bestimmten Zeitpunkt im Jahr bis hierher gekommen, mussten sie hier den Winter verbringen und konnten erst im folgenden Jahr weiterziehen. Ansonsten wäre die Gefahr zu groß gewesen, von einem Wintereinbruch in den Bergen überrascht zu werden (4.2).

Zwei kurze Wege (Wanderungen kann man das wirklich nicht nennen) führen uns zu schönen Aussichtspunkten. Der Blick in die Ebene ist wirklich beeindruckend.

Planwagen bei Scotts Bluff NHS

Und jetzt wollen wir eigentlich weiterfahren in Richtung Custer, doch da sehen wir am Straßenrand in Lyman ein kleines Café, welches uns zu einem verspäteten Frühstück einlädt und unsere knurrenden Mägen zum Schweigen bringen soll. Und da es noch dazu auf den Namen "Whistle Stop" hört und mit einem Caboose (4.3) am Eingang verziert ist, wähnen wir Eisenbahnfreunde in der Nähe und können einfach nicht vorbeifahren.

Wir ahnen noch nicht, welche Auswirkungen dieses Frühstück haben soll. Erst einmal genießt Claus seine Eier und ich vertilge einen Teller köstlicher Pancakes. Beim Verlassen des Lokals wirft der beste Ehemann von allen dann noch einen schnellen Blick auf die ausliegenden Prospekte. Dabei bekommt er den Werbeflyer von North Platte in die Hände. Falls Sie sich jetzt fragen, wo North Platte ist, so kann ich ihnen nur sagen, dass ich vorher auch noch nie von diesem Ort gehört habe. Aber ich bin nun mal mit einem Eisenbahn-Liebhaber verheiratet – und der hat von North Platte gehört. North Platte ist eine Kleinstadt in

Nebraska. Sie liegt am Zusammenfluss von North Platte River und South Platte River im Südwesten des Bundesstaates und hat heute ca. 23.000 Einwohner. Und es ist eine Eisenbahnerstadt. Die Union Pacific Railroad (4.4) unterhält dort den westlich des Ortes gelegenen weltweit größten Rangierbahnhof, genannt Bailey Yard (4.5).

Der Aussichtsturm Golden Spike

Nach kurzer Diskussion ist die Entscheidung gefallen, es geht in Richtung North Platte, ein "kleiner" Umweg von knapp 300 km (in eine Richtung!). Wir fahren jetzt genau Richtung Osten – durch Nichts. Um uns die Zeit zu vertreiben, zählen wir Züge, Waggons und Kühe. Alles, was sich so am Wegesrand bewegt (oder auch nicht), wird zum Zwecke der Unterhaltung foto-grafiert. Dann werden wir durch ein Hinweisschild ein wenig aus unserer Ruhe gebracht, denn wir passieren die Timeline zur Central Time (4.6). Damit hatten wir nicht gerechnet und wir werden unruhig, weil wir die Öffnungszeiten für die Besichtigung des Golden Spike nun für ein wenig kurz halten.

Aber wir haben Glück und kommen rechtzeitig an, es ist alles noch offen. Dies verrät uns allerdings nur das Schild am Eingang, denn ansonsten können wir keine Menschenseele ausmachen, kein weiteres Auto steht auf dem Parkplatz.

Im Eingangsbereich wartet ein freundlicher Volunteer auf uns und verkauft uns die Tickets für die Auffahrt auf den Aussichtsturm.

Wir fahren hoch und sehen uns in aller Ruhe um. Man hat sicher nicht alle Tage eine Aussicht auf fast 400 (!) Dieselloks. Unzählige Wagen bewegen sich auf dem Gelände wie von Geisterhand gezogen hin und her. Alles wird komplett automatisch gesteuert. Züge werden auseinandergebaut und wieder neu zusammengestellt. Nach einer Weile kommt unser ganz privater Guide und erläutert uns

Der größte Rangierbahnhof der Welt

die gesamte Anlage. Claus hat mit einigen Fragen zu erkennen gegeben, dass er sich ein wenig mit Zügen auskennt. Dies führt dazu, dass unser Guide eine verwandte Seele erkennt und Claus mit allen möglichen Informationen füttert. Als er dann auch noch erfährt, dass wir aus Deutschland sind, kennt seine Begeisterung keine Grenzen (wir verraten ihm nicht, dass wir den Golden Spike nur durch Zufall gefunden haben. Er hat den Eindruck, wir wären North Platte gezielt angefahren.). Nun muss er sich natürlich um uns kümmern, gleich wird ein Bekannter angerufen, der uns ein Hotel für die Nacht heraussuchen muss. Wir werden genauestens eingewiesen und das La Quinta Inn ist auch ein sehr feines Hotel (an der Rezeption werden wir auch gleich in Empfang genommen – schließlich sind wir besondere Gäste, wir kommen vom Golden Spike. Und nachdem wir das Zimmer bezogen haben, werden wir auch noch telefonisch gefragt, ob alles in Ordnung sei: Yes, we're satisfied!).

Im Gift Store kaufen wir noch ein Patch und bekommen zwei Pins geschenkt. Hier sind Besucher noch relativ selten. Die Anlage ist offensichtlich (noch) nicht so bekannt. Uns gefällt es in North Platte.

4.1

In jedem Visitor Center eines Nationalparks oder eines National Monument gibt es einen Einführungsfilm oder ein Einführungsvideo. Dieses sollten Sie sich auf keinen Fall entgehen lassen. Sie bekommen so einen besseren Eindruck von dem zu besuchenden Park und zusätzlich eine Zusammenfassung der wichtigsten Sehenswürdigkeiten.

4.2

Eine sehr schöne realistische Schilderung des Lebens auf einem Treck des Oregon Trails gibt das Buch von Francis Parkman: The Oregon Trail.

4.3

Als Bremserwagen oder auf Englisch als Caboose werden spezielle Eisenbahnwagen bezeichnet, welche (einzeln) einem Güterzug in der Regel am Zugschluss angehängt werden. Sie dienen dem Zugbegleitpersonal als Aufenthalts- und Wohnort. Während der Fahrt kann vom Wagen aus der Lauf des Zuges überwacht werden.

Die Union Pacific Railroad (UP) ist die größte Eisenbahngesellschaft in den USA. Zur Zeit werden von ihr Strecken in 23 Bundesstaaten mit einem Streckennetz von 31.898 Meilen betrieben.

Die UP war am Bau der ersten transkontinentalen Eisenbahn beteiligt, die ersten Gleise wurden dabei 1865 in Omaha im Bundesstaat Nebraska verlegt, wo die UP heute noch ihren Sitz hat. Rund 20.000 Arbeiter verlegten fortan rund fünf Meilen Schienen pro Tag.

Am 10. Mai 1869 traf sich der Streckenbau der UP mit der aus Kalifornien vorangetriebenen Strecke der Central Pacific Railroad an der heutigen Golden Spike National Historic Site am Großen Salzsee in Utah.

Wenn Sie Glück haben – und es in Ihre Urlaubsplanung passt –, können Sie die Wiederaufführung dieses historischen Ereignisses dort verfolgen.

Bailey Yard ist der weltweit größte Rangierbahnhof. Er befindet sich unmittelbar westlich des Ortes und wird von der Union Pacific Railroad betrieben. Benannt wurde er nach einem früheren Präsidenten der Bahngesellschaft, Edd H. Bailey.

Der heutige Rangierbahnhof hat eine Ausdehnung von rund 12 km² bei einer Länge von über 13 km und 507 Gleiskilometern.

Durchschnittlich 139 Züge mit über 14.000 Waggons passieren Bailey Yard täglich.

Neben der Richtungsharfe des West-Ost-Systems besteht ein Bahnbetriebswerk mit einer Kapazität zur Betankung und Wartung von über 8.500 Lokomotiven pro Monat. In der zwischen den durchgehenden Streckengleisen gelegenen Wagenwerkstatt können täglich Kleinreparaturen an nahezu 50 Güterwagen durchgeführt werden.

Ein absolutes Muss für Trainspotter.

4.6

Während es für uns in Europa doch eher ungewöhnlich ist, während eines Urlaubs die Zeitzone zu verlassen (außer man fährt nach London), so kann dies in den USA schon häufiger passieren. Die USA verfügen (Alaska und Hawaii nicht mitgerechnet) über 4 Zeitzonen: Eastern, Central, Mountain und Pacific. Außerdem gibt es noch Zeitunterschiede in den einzelnen Indianerreservaten, die sich nicht immer an der Umstellung auf Sommerzeit beteiligen. Wir haben hier die Zeitlinie zwischen Mountain und Central Time nach Osten überquert, also quasi eine Stunde verloren.

5. Wo Buffalo Bill wohnte

Wir sind gegen 7.30 Uhr im Frühstücksraum und genießen ein sehr gutes "Hot Breakfast". Ich habe allerdings schlecht geschlafen. Claus spielt mit seinem
Leben, als er mich weckt. Ich kämpfe gerade mit einem Einbrecher, im Traum.
Nachdem wir nun schon in North Platte sind, beschließen wir, den Ort näher zu erkunden. Was gibt
es denn hier noch so zu sehen?
Der Reiseführer zählt auf: Golden Spike Tower (waren
wir schon, abhaken), Fort Cody Trading Post, Cody
Park (mit Lokomotive!) und Buffalo Bill Ranch State
Historical Park.
Buffalo Bill – da klingelt doch etwas. Wir haben doch
vor ein paar Jahren seine Grabstätte am Lookout
Mountain Park in der Nähe von Denver besichtigt
(5.1). Und hier können wir nun völlig überraschend
sein Wohnhaus besichtigen. Dieses wurde zu einer
Zeit gebaut, als William Cody mit seiner Wild West
Show (5.2) viel Geld verdiente. Das Haus ist voller
Erinnerungsstücke an seine zahlreichen Unterneh-
mungen und Reisen aus dieser Zeit. Auch die Möbel
und Gemälde sind sehenswert.

Die Villa von Buffalo Bill in North Platte

Wenn Sie nach dem Rundgang durch das Haus noch ein wenig Zeit haben, sollten Sie sich auf jeden Fall den Film in der Scheune über Buffalo Bill und seine Wild West Show ansehen. Einige andere kleine Gebäude auf dem Grundstück sind ebenfalls sehenswert, wir haben aber auf den ganz großen Rundgang verzichtet.

Unser nächstes Ziel ist die Fort Cody Trading Post. Von außen sieht die Anlage aus wie ein befestigtes Fort. Im Innenbereich ist sie allerdings eine wirkliche Touristenfalle. Hier kann man schlicht alles kaufen, was mit Indianern, Büffeln und dem Wilden Westen im weitesten Sinne zu tun hat. T-Shirts, Holz- und Plüschbüffel, Mokassins und Lederhüte, Puppen in Indianertrachten, Gewehre und Kuhfladen (pardon: Büffelfladen) aus Plastik zur Dekoration der Wohnung. Wir sehen uns ein wenig um – dann packt auch uns der Kaufrausch: ein Ledergürtel, zwei Eisenbahnbücher und eine CD mit Cowboyliedern wandern mit uns an die Kasse.

Fort Cody – Museum und Touristenfalle

Hinter dem Geschäftsteil befindet sich ein kleines, aber durchaus sehenswertes Old West Museum, eine Sammlung von Gewehren, Stiefeln, Hüten, Sätteln und all den Dingen, die aus der Vergangenheit hier gestrandet sind. Besonders schön finden wir eine Nachbildung von Buffalo Bills Wild West Show im Miniaturformat. Über 20.000 kleine handbemalte Figuren bevölkern ein Diorama und zeigen die Show, mit der der große Büffeljäger und Showman durch Amerika und Europa zog. Die Erstellung dieses Dioramas soll über 12 Jahre gedauert haben. Wir können uns daran gar nicht satt sehen.

Doch die Zeit treibt uns weiter zum Cody Park. Wir bewundern ein Train Display mit einer Mallet (5.3), der größten, die für Publikum zugänglich ist, weltweit (North Platte hat eine ganze Reihe von Superlativen zu bieten). Die sicherlich riesige neue Diesellok, die daneben steht, wirkt wie ein Spielzeug. Neben der Lokomotive bietet der Park zahlreiche Spiel- und Picknickplätze, ein historisches Karussell und eine Statue von Buffalo Bill Cody, schließlich dem Namensgeber des Parks.

Die Mallet im Cody Park in North Platte

Wir verabschieden uns nun von North Platte und machen uns auf den Weg über den Highway 83 (auch "Veterans of Foreign Wars Memorial Highway" genannt) nach Norden Richtung Badlands. Fast 300 Meilen liegen vor uns. Wir passieren "Weltstädte" wie Morris und Valentine, mehr oder weniger nur ein paar Häuser und Geschäfte, die sich an einer Hauptstraße aufreihen. Die Gegend entspricht genau meiner Vorstellung von der Prärie, dieser unendlichen Weite des Westens. Damit uns die Zeit nicht zu lang wird, versuchen wir, uns mit dem Erstellen von Fotos zu unterhalten. Die Motive sind dabei allerdings begrenzt. Kühe, Grasland, Straßenschilder, Grasland, Windräder und Grasland liefern uns entsprechende Aufnahmen. Wir fahren bis Wall. Dort, am Nordeingang des Badlands National Park (ich weiß nicht genau, ob man diesen Punkt auf der Landkarte als Ortschaft bezeichnen kann), suchen wir uns ein Hotel und finden ein Best Western.

God's own Cow Country (National Grasland)

Nun wollen wir uns nach der langen Fahrt noch ein wenig die Beine vertreten. Dazu müssen wir allerdings erst einmal wieder eine kleine Strecke fahren, es geht in den Badlands National Park. Gleich vom ersten Moment an fasziniert uns die Landschaft total. Die schräg stehende Sonne taucht die Felsen in ein unwirkliches goldfarbenes Licht. Wir verstehen sofort, warum der Ausblick über einige Hügel hier Yellow Mounds Overlook heißt. Während die Schatten länger werden, können wir ein paar Bergziegen beim Klettern beobachten. Gleich daneben werden wir von ein paar Prairie Dogs beobachtet. Dahinter ziehen sich spitze Felsformationen bis zum Horizont. Wir denken mal wieder an die Siedler in ihren Planwagen, die diese Landschaft durchquert haben – und der Name Badlands wird zu einer mehr als treffenden Bezeichnung

(5.4). Als die Sonne endgültig untergeht, fahren wir wieder in Richtung Wall. Für unser Abendessen hatten wir eigentlich einen Abstecher in den Wall Drug geplant.

Badlands National Park

Leider hat der berühmte Drug Store (5.5) schon geschlossen. Diese "Sehenswürdigkeit" werden wir uns aber auf keinen Fall entgehen lassen. Vertagen wir sie eben auf morgen.

5.1

Der Lookout Mountain Park ist ein Teil des Denver Mountain Parks, das Museum befindet sich zwischen Denver und Golden. Nähere Informationen zum Museum sowie die Öffnungszeiten und die GPS-Daten finden Sie unter: http://www.buffalobill.org

5.2

Viele gute Informationen zu Buffalo Bill Cody, seiner Wild West Show und seinem Lebenslauf finden Sie unter der Seite des Buffalo Bill Historical Center: www.bbhc.org. Dieses Center befindet sich übrigens in Cody, Wyoming.

Möchte man die Wild West Show heute erleben, muss man ins Disneyland Paris fahren. Allerdings bezweifle ich, dass es Micky Mouse schon im Wilden Westen gab.

5.3

Für Eisenbahnfans – oder solche, die es werden wollen: Die Bauart Mallet (sprich: Malleh) ist eine spezielle Bauart von Dampflokomotiven mit zweigeteiltem Triebwerk für kurvenreiche Bergstrecken. Sie wurde 1884 von dem Schweizer Ingenieur Anatole Mallet entwickelt. In Deutschland befinden sich betriebsfähige Mallet-Lokomotiven heute noch bei den meterspurigen Harzer Schmalspurbahnen.

5.4

Übrigens hat Kevin Costner seinen Film "Der mit dem Wolf tanzt" in den "Badlands" und in der näheren Umgebung bis hinauf nach Rapid City und nach Spearfish gedreht. Eine genaue Aufstellung, welche Szenen wo gedreht wurden, findet man unter: www.imdb.com

5.5

Schon aus einer Entfernung von mehr als 80 Meilen vor Wall verfolgen die witzigen Werbeschilder uns entlang der Interstate. Der Drug Store selbst ist eine riesige Ansammlung von Souvenir-Shops, Eisdielen und Kuriositäten, erweitert durch einen kleinen Vergnügungsbereich. Typisch amerikanischer Kitsch, aber absolut sehenswert als kulturelles Alternativprogramm. Außerdem gibt es verschiedene Fastfood-Restaurants, in denen der Kaffee noch wie zu Cowboy's Zeiten 5 Cent kostet (alles andere leider nicht!).

Beispiele für die gefühlten hundert Werbeschilder für den Wall Drug Store

6. Custer und das Bavarian Inn

Fehlstart auf der ganzen Linie. Während ich vor der Tür noch ein paar Dokumentationsfotos von unserem Hotel mache, schließt der Frühstücksraum (6.1). Fahren wir also zum Wall Drug (6.2), um uns dort den berühmten 5-Cent-Kaffee abzuholen. Kurz bevor wir den Laden betreten, stelle ich fest, dass ich mein Ladegerät im Hotel vergessen habe, also wieder zurück. Wall Drug, 2. Anlauf. Wir bummeln ein wenig durch den Store und bewundern die diversen Kuriositäten, dann gibt es in einer Art Saloon ein gutes Frühstück. Während ich immer wieder für Kaffee-Nachschub sorge (übrigens umsonst!), betrachtet Claus die Bilder

Wandunterhaltung im Wall Drug

an den Wänden, die wirklich alle Klischees erfüllen. Der ursprüngliche Drug Store entstand 1931. Die Geschäfte liefen allerdings nicht besonders gut. Wall hatte damals 231 Einwohner (ich bin nicht sicher, ob sich diese Zahl bis heute wesentlich erhöht hat). Außerdem bezeichnete Ted Hustead, der Gründer, die Gegend auch gerne als "middle of nowhere". Dann hatte seine Ehefrau Dorothy die Idee, den Reisenden, die unterwegs zum neu eröffneten Mount Rushmore Monument waren, kostenlos Eiswasser anzubieten. Heute ist Wall Drug eine gut laufende Shopping Mall, die aus Drug Store, Museen und Restaurants besteht und weit über den Staat Wyoming hinaus bekannt ist.

Man kann zu dieser gigantischen Ansammlung von Kitsch stehen wie man will, aber sie ist sicher auch ein Teil Amerikas. Und wenn man Amerika verstehen will, sollte man sich den Wall Drug nicht entgehen lassen.

Nach soviel "Kultur" zieht es uns wieder in die Natur. Die Badlands haben uns noch nicht alles gezeigt und so fahren wir noch einmal Richtung Süden. Eigentlich wollen wir uns nicht allzu lange aufhalten, aber diese Landschaft!!!!!

Wir kommen von Norden in den Park und folgen dem Badlands Loop Trail in Richtung Ben Reifel Visitor Center. Dabei nehmen wir alle größeren und kleineren Aussichtspunkte mit. Die Sonne scheint, die Felsen sind so schön malerisch – und diese Fotomotive! Dafür gehe ich sogar in die Knie, nein, genauer gesagt, ich lege mich gleich ganz auf den Boden.

Fotomotivsuche in den Badlands

Wir folgen auch eine kurze Strecke dem Castle Trail,
aber es ist zu heiß für die gesamte Strecke, obwohl
wir ausreichend Wasser mithaben. Da erscheint uns
das Visitor Center wie eine grüne Oase in dieser wilden Landschaft. Wir machen eine kurze Pause und
sehen uns ein wenig um. Ich bin immer wieder er-
staunt, wie informativ diese Visitor Center sind. Alleine
der Film ist für mich immer ein Erlebnis.
Wir biegen nun wieder nach Norden ab. Dort wartet
noch der Big Badlands Overlook auf uns. Hier begegnen uns dann mitten in der Wüste ein paar bunte Regenschirme – sieht schon bizarr aus, obwohl sie als
Sonnenschutz sicher gut geeignet sind.

Wandernde Regenschirme in den Badlands

Wir verlassen den Badlands National Park, müssen aber gleich wieder anhalten, die Prairie Homestead wartet auf uns.

Dieses originale Sod House (Grassodenhaus) stammt aus dem Jahre 1909 und wurde von Mr. & Mrs. Ed Brown gebaut. Es ist ein typisches Beispiel für solche Art Häuser, wie sie die Pioniere zu bauen pflegten. Wir sehen uns um und fühlen uns, als wären wir ein Teil der TV-Serie "Unsere kleine Farm" (Little House on the Prairie). Hier werden die Geschichten von Laura Ingalls Wilder wirklich lebendig (6.3). Und lebendig ist genau die richtige Beschreibung, denn neben einer lebhaften Schulklasse wird das Anwesen auch noch

Das Sod House von Mr. und Mrs. Brown

von einer Unzahl an Prairie Dogs bevölkert. Überall flitzen die kleinen Gesellen herum, und man muss schon höllisch aufpassen, dass man nicht in eines ihrer Löcher tritt. Dabei sind sie ganz zutraulich und scheinen sich von den Touristen überhaupt nicht gestört zu fühlen.

Natürlich müssen wir auch noch einen Blick in die umliegenden Gebäude (kann man sie so bezeichnen?) werfen. Der "Eiskeller", die Scheune und die Toilette sind sehenswert. Alles ist in einem sehr guten Zustand und liebevoll hergerichtet. Ich finde die Unterwäsche auf der Leine besonders nett, zumal sie wirklich aus der Zeit um 1900 zu stammen scheint.

Prairie Dogs in der Prairie Homestead

Wir brauchen länger als geplant für diese Rundfahrt in die Badlands und zur Homestead. Erst am späten Nachmittag brechen wir auf in Richtung Rapid City. An der Abfahrt von der Interstate verabschiedet sich die Sonne – wir sehen die ersten Gewitterwolken. Unser Ziel für die Nacht ist Custer. Dort haben wir im Bavarian Inn für zwei Nächte ein Zimmer gebucht (6.4). Hotel mit Breakfast, Pool und einem Restaurant gleich nebenan. Nachdem wir unser Zimmer bezogen haben, gehen wir essen. Stilecht, wie es sich für ein Bavarian Inn gehört, gibt es Bratwurst und Sauerkraut (zusätzlich mit Rotkohl). Claus ordert noch Senf dazu. Auf der Karte steht auch deutsches Bier. Also werden noch zwei dunkle Hefeweizen bestellt. Die Bedienung, eine junge Frau aus Moldawien (ihr Mann ist aus Custer), hat allerdings nur noch ein Hefeweizen. Sie bringt uns stattdessen ein Doppelbock(!), ist doch auch dunkel und hat nur 7,8 % Alkohol. Ich bin nicht ganz sicher, ob die junge Dame weiß, was sie da serviert. Ich bin jedenfalls hinterher reichlich bettreif.

6.1

Die Amerikaner verstehen da überhaupt keinen Spaß. Wenn es heißt: Breakfast from 7 - 9, dann ist um 9 Uhr alles, aber auch alles vom Buffet verschwunden. Ob die Gäste dann noch da sitzen oder nicht, spielt eigentlich keine Rolle. Wir haben uns so langsam im Laufe der Jahre daran gewöhnt, aber manchmal tappen wir halt in die Falle, weil wir die Schilder nicht beachten.

6.2

Machen Sie sich am besten selber ein Bild. Entweder Sie halten hier oder Sie stöbern im Internet unter: www.walldrug.com. Auf der Seite ganz unten finden Sie übrigens eine sehr lustige Karte mit allen Geschäften.

6.3

Das historische Home von Laura Ingalls Wilder ist übrigens in Springfield, Missouri. Nähere Informationen findet man auf den Museumsseiten unter: www.lauraingallswilderhome.com, Infos zur TV-Serie gibt es unter: www.unserekleinefarm.info

Sollten Sie auf den Geschmack gekommen sein, hier finden Sie nähere Informationen:
www.bavarianinnsd.com

Die Lobby des Bavarian Inn in Custer, South Dakota

7. Tatanka bedeutet Büffel

Wir genießen den Luxus unseres Hotels und gehen am Morgen erst einmal schwimmen. Der Pool wird extra für uns aufgemacht. Als die Eigentümerin hört, dass wir deutsch sprechen, erzählt sie uns, dass sie aus Deutschland stammt, aber schon lange in den USA lebt. Sie hat mit ihrem Mann das Hotel gebaut, jetzt aber schon längere Zeit vermietet. Weil der Winter in den Black Hills so hart ist, lebt sie dann in Arizona, in Phoenix, und im Sommer kommt sie wieder zurück in die Black Hills. Erst gestern ist sie aus Phoenix zurückgekommen.

Wir fahren heute in Richtung Hill City. Schon nach kurzer Zeit treffen wir auf das Crazy Horse Memorial (7.1), welches wir uns aus der Nähe ansehen wollen. Das Crazy Horse Memorial ist eine im Bau befindliche monumentale Skulptur zu Ehren des Oglala-Lakota-Indianers Crazy Horse, die ähnlich wie das ca. 15 km nordöstlich gelegene Mount Rushmore National Memorial in einen Berg gehauen wird. Crazy Horse sitzt auf einem Pferd und deutet mit seinem Finger in die Ferne. Ist die Skulptur erst einmal fertig (wann auch immer!), wird sie um ein Vielfaches größer sein als Mount Rushmore. Alle Präsidentenköpfe dort zusammen sind in etwa so groß wie der Pferdekopf. Nach Fertigstellung der Skulptur soll diese 195 m hoch und 172 m breit sein. An dem Monument wird seit 1948 gearbeitet. Da es keinerlei staatliche Unterstützung erfährt, wird es von einer gemeinnützigen Foundation unterhalten, die auch das angeschlossene Indianermuseum betreibt.

Der ursprüngliche Bildhauer war ein Mann namens Korczak Ziolkowski, der 1982 gestorben ist, mittlerweile wird sein Werk von seiner Frau und seinen Kinder weitergeführt. Ziolkowski (7.2) war übrigens auch schon an den Bauarbeiten am Mount Rushmore beteiligt.

Das Crazy Horse Memorial

Nach mehr als 50 Jahren(!) Arbeit am Berg wurde das Gesicht(!) 1998 fertiggestellt. Damals waren wir zum ersten Mal hier und wir finden, dass sich das Memorial seit damals nicht sehr stark verändert hat. Wie es einmal aussehen soll (man rechnet noch mit mindestens 100 Jahren), kann man sich im Visitor Center an einem Standbild im Maßstab 1:30 ansehen. Außerdem sind die Fortschritte der Arbeit dokumentiert. Wir machen auf der Terrasse vor dem Visitor Center eine kleine Pause und erkunden kurz den Gift Shop. Außerdem kann man noch eine Ausstellung indianischen Kunsthandwerks besuchen, die wir interessanter finden als alle Artikel im Gift Store. Am Eingang wartet nun ein Bus auf uns, mit dem man näher an das

Kunstwerk im Granitfelsen heranfahren kann, was wir natürlich tun. Wir erwischen sogar die einzige Tour an diesem Tag, während der eine Sprengung stattfindet. Bei diesem sogenannten "Blast" werden größere Mengen Felsgestein weggesprengt. So scheint es zumindest, als ginge die Arbeit voran (bin ich jetzt zu kritisch?!). Wir können auch etwas sehen, wenn auch nur aus ziemlicher Entfernung. Es sieht aus, als rieselten ein paar Steinchen hinab, in Wirklichkeit sind es wohl doch eher Felsen, die in die Tiefe stürzen (seit Beginn der Arbeiten wurden 10 Millionen Tonnen Granit aus der Felswand gesprengt). Rauch steigt auf. Wir erleben das Phänomen, dass das Licht schneller ist als der Schall. Dann ist wieder alles still. Bis morgen (7.3).

Am Sylvan Lake vorbei fahren wir nun in den Custer State Park (7.4). Dieser Park ist berühmt für seine Büffel. Über den Needles Highway geht es in den Park hinein und wir sind von den Felsformationen stark beeindruckt. Am Ende des Rundweges sehen wir dann tatsächlich den ersten Buffalo. Er steht regungslos wie eine Statue vor dem Gift Store. Wir geben ihm den Namen "Begrüßungsbüffel". Im hinteren Teil des Gift Stores treffen wir auf eine Ausstellung von Landschafts- und Tierbildern. Die Malerin Lane Kendrick stellt hier ihre Bilder in einer Wanderausstellung aus. Und wir haben Glück und lernen Lane persönlich kennen (7.5). Uns faszinieren vor allem ihre Büffelbilder. Während wir diese bestaunen, erzählt sie uns von Tatanka (dem indianischen Namen des Buffalos) und von Crazy Horse. Wir lauschen ihren Geschichten fasziniert. Durch ihre Erzählungen wird ein Teil amerikanischer Geschichte vor unseren Augen wieder lebendig.

In der Ausstellung von Lane Kendrick

Wir kaufen eines ihrer Bilder (allerdings nur einen Druck, ein Originalgemälde würde unsere Urlaubskasse doch zu stark belasten) und sie signiert es für uns. Wir bekommen gratis dazu noch mindestens 1000 Tipps, was wir uns unbedingt ansehen sollen, und ein paar "Hugs for a nice couple". Wirklich wichtig ist für uns, dass wir in diesem Gespräch das Vorurteil ausräumen können, Deutsche würden ihr Bier warm trinken, igitt! (7.6)

Weiter geht es nun über den Iron Mountain Highway. Wir passieren mehrere Tunnel und fahren über einige Brücken, die sogenannten Pigtail-Brücken (7.7). Diese werden so bezeichnet, weil sie sich wie das Ringelschwänzchen eines Schweins durch die Berge winden. In jedem Tunnel hat man einen phantastischen Ausblick auf Mount Rushmore. Bevor wir einen Tunnel passieren, weist uns ein Schild darauf hin, dass wir unsere Hupe benutzen müssen, um den Gegenverkehr zu warnen. Hinter jedem Tunnel müssen wir halten und ein paar schöne Fotos machen. Wir haben sogar Glück und erwischen einen Motorradfahrer im Vordergrund (eignet sich hervorragend als Bildschirmschoner).

Als wir am dritten Tunnel ankommen, fallen die ersten Regentropfen. Da es außerdem schon anfängt, dunkel zu werden und sich damit die Belichtungsverhältnisse rapide verschlechtern, beenden wir unsere Rundfahrt für heute und es geht zurück nach Custer.

Auf dem Iron Mountain Highway

Im Ort selber gibt es nicht viel zu entdecken. Custer ist eine typische Kleinstadt in South Dakota mit knapp 2000 Einwohnern (7.8). Da es aber für Touristen recht zentral für Ausflüge in die Umgebung gelegen ist, hat es erstaunlich viele Hotel und Restaurants. Unter anderem gibt es auch eine Brauerei, das Bitter Esters Brewhouse mit angeschlossenem Restaurant (7.9). Diese sogenannten Microbreweries sind immer eine Empfehlung, wenn man gut essen und ein gutes Bier genießen will.

7.1

Nähere Informationen zum Crazy Horse Memorial unter: www.crazyhorsememorial.org

7.2

Ziolkowski, ein Amerikaner polnischer Abstammung, wurde 1908 in Boston geboren. Obwohl er nie eine künstlerische Ausbildung durchlaufen hat, zeigten sich seine Fähigkeiten schon früh. Er arbeitete erst als Möbeltischler, später erstellte er Marmorstatuen. Nach seinem Umzug nach Connecticut lebte er von Auftragsarbeiten. Später arbeitete er als Assistent von Gutzon Borglum bei den Arbeiten am Mount Rushmore. Er starb 1982 und wurde am Fuß "seines" Berges beigesetzt.

7.3

Viele Indianer stehen dem Projekt übrigens kritisch gegenüber. Sie beklagen die Entweihung ihrer heiligen Black Hills und weisen darauf hin, dass Crazy Horse sich nie fotografieren ließ, weil er nicht abgebildet werden wollte.

7.4

Nähere Informationen gibt es unter:
http://gfp.sd.gov/state-parks/directory/custer/

7.5

Wer mehr über die Bilder von Lane erfahren möchte, kann Abbildungen unter Google oder auf ihrer Homepage finden unter: www.lanekendrick.com

7.6

Da die Amerikaner ihre Getränke meistens "eiskalt" zu sich nehmen, ist ihnen der Begriff "wohltemperiert" offensichtlich nicht so geläufig. Alles, was keine Eiswürfel enthält, gilt als warm – so auch Bier und Wein. Wir haben sogar einmal in Florida eine Weinprobe erlebt, bei der extra darauf hingewiesen wurde, dass Weißwein zwar kalt serviert werden sollte, die Eiswürfel aber nicht **ins** Glas gehören.

Warmes Bier kenne ich nur aus meinen Kindertagen, als es als Allheilmittel bei Halsschmerzen zum Einsatz kam (allerdings auch nur bei meinem Vater!).

7.7

Mehr über den Iron Mountain Highway und über die Pigtail-Brücken finden Sie unter youtube. Dort können Sie die Fahrt nachvollziehen.

Oder Sie bekommen Informationen unter:
www.allblackhills.com/scenic_drives/iron_mountain_ro
ad.php

7.8

Wenn Sie mehr über Custer wissen wollen, sehen Sie sich die erstaunlich interessante Website im Internet an:
www.custersd.com

7.9

Eine Aufstellung der besten Microbreweries der USA, nach Staaten sortiert, finden Sie unter:
www.beermonthclub.com
Sie sind also als Bierliebhaber in den USA nicht nur auf Budweiser und Millers angewiesen. Probieren Sie ruhig einmal die unterschiedlichen Biersorten aus. Viele sind erstaunlich gut.
Wer in Custer Appetit bekommt, kann hier hingehen:
http://bitterestersbrewhouse.com

8. Knochen und Höhlen

Das Wetter ist schlechter geworden, es ist bedeckt und deutlich kälter. Während des Frühstücks läuft im Frühstücksraum der Fernseher (8.1). Wir verfolgen unfreiwillig eine Rede von Dick Cheney (8.2). Er war Vize-Präsident unter Bush und wir lernen, dass seine offizielle Bezeichnung nun lautet: FMR-VP (meint: Former Vice President).

Wegen des schlechten Wetters entscheiden wir uns, unter die Erde zu gehen, wir fahren zur Wind Cave. Dieser Nationalpark ist übrigens die erste Höhle weltweit, die zum Nationalpark erklärt wurde. Unter Tage ist das Wetter ziemlich egal.

Dort machen wir um 11.30 Uhr eine Führung mit. Die Führung gefällt uns sehr gut, obgleich wir schon schönere Höhlen gesehen haben.

Am Eingang demonstriert uns die Rangerin, dass die Höhle "atmet". Man spürt deutlich einen Windzug, der in die Höhle oder aus der Höhle herausweht und so einen Druckausgleich zwischen der Luft in der Höhle und der Außenwelt schafft. Dies wird bei der Wind Cave besonders deutlich, da es sich um eine große Höhle mit nur wenigen Ein- oder Ausgängen handelt.

Die Rangerin am Eingang der Wind Cave

Es geht viele Stufen nach unten und dann mit einem Fahrstuhl wieder nach oben. Im Gift Store verderben wir den Durchschnitt, denn jeder Besucher kauft normalerweise nur 1,2 Items, bei uns sind es 3. Dafür sucht mir die Verkäuferin aber auch noch einige meiner fehlenden Quarter in der Kasse heraus (8.3).

Unser nächstes Ziel ist Hot Springs. Wir finden den Ort ziemlich hässlich. Einzig die Mammoth Site ist aus unserer Sicht sehenswert.

Hier hat man jede Menge Knochen von Sauriern gefunden und ist noch dabei, unzählige Knochen aus dem Felsen herauszuarbeiten. Dafür liegen Freiwillige auf dem Boden und kratzen mit einer Zahnbürste den Sandstein weg. Eine ziemlich mühevolle Aufgabe. Wir machen noch ein paar nette Aufnahmen von uns mit großen Saurierknochen und fahren dann wieder in den Custer State Park.

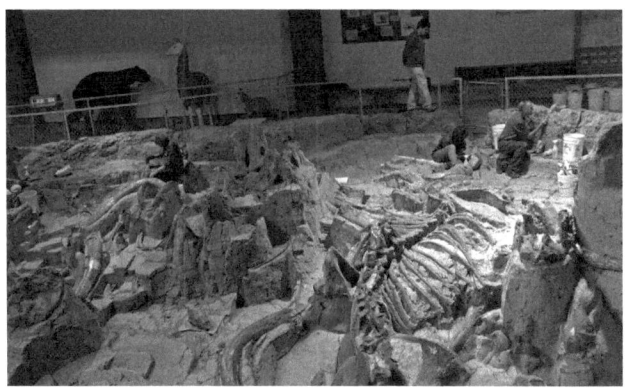

Aus der riesigen Fundstelle kratzen Archäologen Saurierknochen frei.

Die Wildlife Route ist wirklich sehenswert. Wir sehen unendlich viele Bisons, die in Herden durch das Gelände ziehen. Der Verlauf der Straßen scheint sie dabei nicht zu interessieren. Vorsicht ist also geboten. Wir sind uns nicht ganz einig, was gefährlicher ist, die Bisonherden oder die Touristen in den Autos vor uns, die bei jedem gesichteten Tier abrupt bremsen. Eine Besonderheit sind die wilden Esel, die sich aus den Autos heraus füttern lassen. Die ausgewachsenen Tiere können allerdings auch ganz schön lästig werden, denn wir haben den Eindruck, dass sie unbedingt in unser Auto einsteigen wollen. Die kleineren schauen sich das Treiben eher aus der Ferne an. Ihnen scheint die ganze Sache noch nicht so geheuer zu sein.

Wilde Esel im Custer State Park

Unsere Fotoapparate laufen heiß. Zum Abschluss des Tages erkunden wir noch einen Pamida Store (8.4) in Custer. Wir kennen diese Kette nicht, stellen aber schnell fest, dass es sich dabei um eine Art Walmart für kleinere Städte handelt.

Abendessen gibt es heute mal wieder auf dem Zimmer. Wir nutzen ganz gerne die Gelegenheit, auf dem Zimmer zu essen, um unsere Urlaubskasse ein wenig zu entlasten. Nudeln und Chicken Wings lassen sich auch gut in der Mikrowelle zubereiten. An dieser Stelle sei vielleicht einmal angemerkt, dass die Auswahl an Fertiggerichten in den USA gigantisch ist. Und die meisten werden in der Mikrowelle zubereitet. Manche Amerikaner bezeichnen dies auch schlicht als "cooking"!

8.1

Dazu kann ich nur sagen, dass ich diese ständige Untermalung unseres Frühstücks durch das TV nicht gerade liebe (☹☹☹). Aber im Laufe der Zeit habe ich gelernt, es wie Radio einfach hinzunehmen (was mal leichter und mal schwerer fällt).

8.2

Dick Cheney, oder genauer, Richard Bruce Cheney gehört den Republikanern an und ist nicht gerade einer meiner Lieblingspolitiker. Er war während seiner Amtszeit in zahlreiche Affären verwickelt, unter anderem wurde unter Cheneys Vizepräsidentschaft seine ehemalige Firma Halliburton ohne Ausschreibung von der Regierung im Rahmen des RIO(Restore Iraqi Oil)-Programms mit Arbeiten im Wert von etwa 2 Milliarden US-Dollar beauftragt (vgl. Wikipedia). Er galt immer als "Hardliner". Sein Spitzname war "Darth Vader".

8.3

Die Gedenkmünzenserie "50 State Quarters" wurde ab 1999 von der US-amerikanischen Münzprägeanstalt United States Mint herausgegeben. Bis Ende 2008 wurden alle 50 US-Bundesstaaten auf der Bildseite der 25-Cent-Münze mit einem individuellen Design geehrt. Heute sind diese Münzen zwar noch vereinzelt im Umlauf, es ist aber gar nicht so einfach, alle zu sammeln. Eine gute Quelle sind immer Touristen-zentren, weil dort viele Menschen aus vielen Bundes-staaten hinkommen.

8.4

Pamida war eine Warenhauskette mit mehr als 175 Geschäften im Mittleren Westen der USA: Die Stores waren generell nur in kleineren Ortschaften von 3.000 - 8.000 Einwohnern angesiedelt.
Pamida wurde 1949 gegründet. Der Name leitete sich von den ersten beiden Buchstaben der Söhne des Firmenmitgründers Jim Witherspoon namens Pat, Mike und David ab. Nach mehreren Fusionen und Verkäufen wurden die Geschäfte von Shopko Home-town übernommen und 2012 umbenannt. Wir haben wohl noch eines der letzten Geschäfte gesehen.

9. Train Chasing bis Keystone

Wir fahren nach dem Frühstück nach Hill City. Dort wartet der 1880 Train nach Keystone auf uns (9.1). Der 1880 Train ist ein historischer Zug, den eine alte Dampflokomotive durch die Berge der Black Hills zieht. Nichts hat die Geschichte der Besiedlung des Westens stärker beeinflusst als die Eisenbahn. Sie brachte Siedler in die abgelegenen Gegenden des Westens und half bei deren Erschließung.

Nachdem wir uns am Bahnhof Tickets gekauft haben, ist mein Ehemann mal wieder verschwunden. Ich finde ihn neben den Gleisen, wo er den Arbeitern bei der Vorbereitung der Lokomotive für die Fahrt zuschaut. Da muss die Lok noch mit Wasser versorgt werden und auch ein wenig Öl ist an einigen Stellen vonnöten.

Als die Pfeife ertönt, besteigen wir den Zug, der sich unter Fauchen und Zischen langsam in Bewegung setzt. Am Bahnsteig winken uns einige Touristen noch nach, die erst Karten für den nächsten Trip haben.

Die Fahrt ist recht kurzweilig und wir beobachten die vorbeiziehenden Wälder, zwischen den Bäumen steigen die Dampfwolken aus der Lok auf und konkurrieren mit den Wolken am Himmel. Ab und zu tauchen einsame Gehöfte auf und am Wegesrand stehen verlassene Waggons. An den seltenen Lichtungen kann man einen Blick auf die umliegenden Berge werfen und an den vereinzelten Bahnübergängen stehen Fotografen und warten mit ihren Kameras auf den Zug, denn wie immer kann man den Zug nicht fotografieren, wenn man drinsitzt.

In Keystone (9.2), dem Endpunkt der Hinfahrt, spuckt der Zug dann seine Fahrgäste aus. Während diese für die Dauer des kurzen Aufenthalts in die Ortschaft strömen, bleiben wir am Bahnhof und beobachten wieder die Bahnarbeiter. Auch hier muss der Zug wieder ordentlich für die Rückfahrt versorgt werden. Außerdem ist das Wenden eine Attraktion für Bahnliebhaber (und mit einem solchen bin ich ja verheiratet).

Ankunft in Keystone

Auf der Rückfahrt sitzen wir auf der anderen Seite und machen wieder einmal die Erfahrung, dass nun alles ganz anders aussieht.
Pünktlich nach unserer Rückkehr setzt der Regen ein. Also entschließen wir uns wieder für eine Cave, die Jewel Cave steht noch aus. Als wir dort ankommen, müssen wir leider erfahren, dass schon alle Touren für heute ausgebucht sind. Wir sind etwas sauer, aber ein netter Ranger überredet uns, eine Tour für morgen zu buchen, er meint, es würde sich lohnen (und der Mann soll Recht behalten).

Nun wollen wir einem Tipp von Lane folgen. In Custer fahren wir zum Lunch ins Purple Pie Place, einem Restaurant ganz in Pink, in dem es ausgezeichnetes Essen geben soll, vor allem Pies. Wir essen einen

Das Restaurant Purple Pie Place in Custer

Chilli Dog und einen Banana Pie a la mode. Das meint, er ist mit Eis. Es schmeckt wirklich ganz ausgezeichnet. Wir sind pappsatt.

Nun hat das Wetter ein wenig aufgeklart und wir wollen nachholen, was wir verpasst haben, nämlich ein paar Fotos vom 1880 Train selber zu machen. Also geht es zurück nach Hill City und wir betreiben Train Chasing. Dies bedeutet, wir fahren hinter dem Zug her, überholen, machen Fotos, überholen wieder, warten auf den Zug, machen Fotos usw. Schließlich landen wir wieder in Keystone. Dort gehen wir ein

Der 1880 Train in voller Fahrt auf dem Weg nach Keystone

wenig bummeln. In einem Laden werde ich fündig. Es gibt Snowbabies (9.3) – und nicht nur, dass es sie gibt, sie sind sogar um 50 %(!) reduziert. Da fällt die Wahl wirklich schwer. Ich beschränke(!) mich auf 4 Stück.

Meine Sammelleidenschaft – Snowbabies

Der Tag ist nun aber noch nicht zu Ende. Wir fahren zum Mount Rushmore. Hier wird uns wieder einmal

74

deutlich, wie erfinderisch die Amerikaner sein können, wenn es ums Geld geht. Der Eintritt in den National Park kostet nichts (sehr schade, wir können mit unserem Annual Passport nicht "saven"), aber das Parken kostet 10 $ (und dafür ist der Annual Passport natürlich nicht gültig).

Wir bummeln mit zahlreichen Touristen zwischen den Fahnen der einzelnen Bundesstaaten auf die monumentalen Köpfe der US-Präsidenten zu.

Auf dem Weg zum Mount Rushmore

Die Bergkette verdankt ihren Namen dem New Yorker Anwalt Charles Rushmore, der ursprünglich die Goldschürfrechte für das Gebiet erworben hatte.

Wir sehen uns den Berg an und gehen den obligatorischen Rundweg. Am Fuße der Köpfe beeindrucken uns vor allem die enormen Schuttberge. Immerhin ist jeder Kopf ca. 18 m hoch, da ist bei den Arbeiten eine Menge Geröll den Berg hinunter gerollt.

Leider wird das Licht immer schwächer, aber dann geht die Beleuchtung an. Nun können wir alle Fotos noch einmal machen, denn beleuchtet sieht alles ganz anders aus. Vor dem Denkmal sind Ausschnitte aus berühmten Reden der vier Präsidenten auf Schrifttafeln zu lesen. Mount Rushmore wird auch gerne als Shrine of Democracy (Schrein der Demokratie) bezeichnet. Die Lakota-Indianer sehen das Monument hingegen als Entweihung ihres heiligen Berges an (9.4). Wir setzen uns auf die Stufen der Grand View Terrace und gehen einer unserer Lieblingsbeschäftigungen nach, dem Beobachten von anderen Touristen. Heißester Diskussionspunkt heute Abend scheint die Frage zu sein, um welche Präsidenten es sich denn nun handelt. Vor uns sitzt ein junges Mädchen, welches mit uns gemeinsam den Kopf schüttelt und dann die Namen immer wieder vor sich herbetet: George Washington, Thomas Jefferson, Theodore Roosevelt und Abraham Lincoln (von links nach rechts) (9.5). Wir kommen mit ihr ins Gespräch und erfahren, dass sie aus der Schweiz kommt. Da weiß man die Namen offensichtlich besser als in den USA selber.

Die Präsidentenköpfe im Mount Rushmore

Ein kurzer abschließender Besuch im Gift Store lässt uns erkennen, dass hier alles viel teurer ist als z. B. in Custer. Also fahren wir zurück Richtung Custer, zumal jetzt auch wieder der Regen anfängt. Allerdings werden wir noch einmal von einem kleinen Aussichtspunkt ausgebremst. Von hier aus kann man George Washington von der Seite fotografieren. Ich habe den Eindruck, dass seine große Nase fast über die Straße ragt.

9.1

Mehr über die Geschichte der Eisenbahn in dieser Region und Fahrzeiten und Preise des 1880 Train finden Sie unter: www.1880train.com

9.2

Keystone ist eine kleine ehemalige Minenstadt (kann man bei 337 Einwohnern im Jahre 2010 von einer Stadt reden?) oder eigentlich eher eine Versorgungsstelle für die Touristen am Ende der Schienen.
Ihre berühmteste Persönlichkeit ist wohl Carrie Ingalls, die Schwester von Laura Ingalls Wilder, die die Geschichten vom "Little House on the Prairie" geschrieben hat.
Vgl. auch 6.3

9.3

Snowbabies sind kleine Porzellanfiguren, die vom Department 56 hergestellt werden. Sie sind ein typisches Beispiel für die amerikanische Sammelleidenschaft. Näheres über Snowbabies, Snowbunnies und anderes finden Sie unter: www.department56.com
Aber Vorsicht: Suchtgefahr!

9.4

Worüber am Mount Rushmore gar nichts berichtet wird, ist ein gebrochener Vertrag mit den Ureinwohnern, in denen ihnen die Black Hills zugesichert wurden. Es sollte ihnen als rechtmäßiges Land zustehen und ihnen gehören, "solange die Sonne scheint und das Gras wächst". Dies wurde im sogenannten Treaty of Fort Laramie festgelegt (siehe auch unter www.ourdocuments.gov//doc.php?flash=true&doc=42) . Als man jedoch sechs Jahre später in den schwarzen Bergen auf Gold stieß, wurde der Vertrag nicht mehr beachtet. Rechtswidrig wurde den Indianern das Gebiet wieder entzogen und sie selbst in Reservate gedrängt.

9.5

Wichtige Links zu Mount Rushmore finden Sie unter:

www.nps.gov/moru
www.mountrushmoreinfo.com
www.travelsd.com/Attractions/Mount-Rushmore

10. Deadwood

Heute Morgen ist das Frühstücksbuffet nicht in der Lobby aufgebaut, es wird stilecht im Restaurant gefrühstückt, wahrscheinlich sind zu viele Gäste da.
Unser erstes Ziel heute ist die Jewel Cave (10.1). Schließlich haben wir dem Ranger gestern versprochen, wiederzukommen und "seine" Höhle auf jeden Fall zu besichtigen. Die Führung beginnt um 10.40 Uhr und ist sehr interessant. Diese Höhle gilt als die zweitgrößte der Welt mit über 240 km an bisher kartografierten Gängen. Wir müssen über 700 Stufen bewältigen, allerdings die meisten abwärts. Es geht über zahlreiche Metallstufen und Plattformen durch die Gänge. Wir verlieren komplett die Orientierung, so groß ist es hier unten und so zahlreich sind die Gänge. Überall schimmern uns Kristalle entgegen, die der Höhle auch ihren Namen verliehen haben. Die Zahl der Stalagmiten und der Stalaktiten hält sich allerdings aus unserer Sicht in Grenzen, an vielen Stellen ist die Höhle trocken. Am Ende des langen Rundweges wartet ein 100 m hoher Aufzug auf uns, der den Aufstieg aus der Höhle deutlich erleichtert.
Lunchpause machen wir heute wieder im Purple Pie Place. Wir haben uns richtig in dieses kleine Restaurant verliebt. Es ist heute auch ziemlich voll, besonders Motorradfahrer scheinen dieses Restaurant zu lieben. Claus hat eine Suppe und Blueberry Pie, ich nur einen Cream & Raisin Pie, die bessere Wahl. Ich bin sogar schon Profi und bestelle a la mode (mit Eis). Was soll ich sagen, das Wetter wird immer besser, nachdem wir eine Pause im Purple Pie hatten. Da geht es doch gleich wieder hinaus in die Natur. Der

Wildlife Loop im Custer State Park steht noch aus. Am Anfang der Rundfahrt sehen wir allerdings nur kleines Deer, sind heute keine Bisons on duty?

Bisonherde im Custer State Park

Dann doch noch die große Herde. Sie grast am Hang, ist allerdings etwas weiter weg. So muss es ausgesehen haben, als noch die großen Herden durch die Prärie zogen. Allerdings sind wir heute nicht alleine. Am Straßenrad stehen unzählige Autos, aus denen heraus die Kameras gehalten werden. Aber besser eine Büffeljagd mit Fotoapparaten als mit Gewehren. Schmunzeln müssen wir allerdings, als wir eine Jeeptour beobachten, die sich durch die Herde schlängelt. Die Aufschrift auf dem Jeep lautet: Buffalo **Safari** Jeep Rides.
Wir verlassen nun den Custer State Park und die Gegend um Custer selber und fahren weiter Richtung Rapid City. Die Stadt selbst erscheint uns ziemlich hässlich. Nur die Skulpturen einiger Präsidenten an jeder Straßenecke wecken unsere Aufmerksamkeit (10.2). Wir machen nur ein paar Fotos aus dem Auto

heraus (das haben wir eben bei den Safari Tours gesehen – es soll aber nicht zur Gewohnheit werden), dann geht es weiter nach Deadwood.

Nixon an der Straßenecke in Rapid City

Auf der Hinfahrt sehen wir unzählige Motorräder. Ganze Kolonnen ziehen an uns vorbei, ziemlich bullige Typen auf riesigen Maschinen, meistens der Marke Harley Davidson. Dann fällt es uns ein, wir sind in der Nähe von Sturgis, der "Welthauptstadt" der Biker. Dort findet jedes Jahr die Sturgis Motorcycle Rally (10.3) statt, die mit einer halben Million Besucher als eine der größten Motorradveranstaltungen der Welt gilt.

Unser Ziel ist allerdings Deadwood (10.4), eine frühere Bergbaustadt, die heute eher einem Rummelplatz gleicht. Es gibt unzählige Casinos, allerdings alle ohne das Flair von Las Vegas. In Deadwood suchen wir eine ganze Weile nach einem Hotel. Es erweist sich als nicht so einfach, obwohl es viele Hotels gibt. Aber die meisten sind ausgebucht, zu teuer oder in einem erbärmlichen Zustand. Schließlich finden wir eine Herberge. Das Hotel gefällt uns auf den ersten Blick,

wenn auch das Zimmer recht klein ist und es kein
Frühstück gibt. Zum Ausgleich dafür ist es aber er-
schwinglich und hat einen Shuttle Stop in die Downtown fast direkt vor der Tür.

Unser Hotel in Deadwood

Mit diesem Shuttle fahren wir, nachdem wir unser
Zimmer bezogen haben, für 1 $ in die City hinein. Wir
bummeln ein wenig über die Main Street. Casinos so
weit das Auge reicht. Gift Store neben Gift Store.
Überall künden Schilder von "historischen" Ereignis-
sen, die sich in den wilden Zeiten des Westens hier
abgespielt haben. Ein Schild kennzeichnet die Stelle,
an der der Mörder von Wild Bill Hickok gefangen genommen wurde. Ein anderes kennzeichnet ein Areal,
welches als "waffen- und drogenfreie Zone" ausge-
wiesen ist. Die Einhaltung dieser Regel soll durch eine
Verdopplung des Bußgeldes sichergestellt werden.
Schließlich erregt eine Ansammlung von Menschen
mitten auf der Straße unsere Aufmerksamkeit. Hier
findet gerade ein "Shoot out" statt. Volunteers spielen
die Szene einer wilden Schießerei in den Straßen
nach. Anschließend sammeln die Schauspieler für
das örtliche Waisenhaus.

Die Main Street in Deadwood

Nun wollen wir etwas essen. Das erste Steak House wollen wir nicht kaufen(!), wir wollen nur etwas essen, im zweiten sollen wir mindestens eine Stunde warten. Schließlich landen wir in einem Casino-Buffet. Das ist auch nicht so preiswert wie in Vegas, auch nicht so gut, aber das Prime Rib Dinner ist immerhin akzeptabel. Da wir nicht spielen wollen (das tun wir nur in Vegas), haben sich die Möglichkeiten der Unterhaltung relativ schnell erschöpft. Wir machen uns mit dem Shuttle wieder auf den Weg zum Hotel.

10.1

Da die Höhle von vielen Touristen besucht wird, ist es sinnvoll, vorher Touren zu reservieren oder sich zumindest nach den Möglichkeiten zu erkundigen unter: www.nps.gov/jeca

10.2

Der sogenannte President's Walk befindet sich mitten in der historischen Innenstadt von Rapid City. Hier kann man die lebensgroßen Bronzestatuen sämtlicher bisheriger US-Präsidenten besichtigen.
Das Projekt startete im Jahr 2000 mit dem ersten und dem letzten US-Präsidenten George Washington und George H. W. Bush (Bill Clinton war zu diesem Zeitpunkt noch im Amt). Seitdem wurden pro Jahr vier weitere Präsidenten hinzugefügt. George W. Bush kam im April 2011 als vorerst letzte Statue hinzu. Der jeweilige Amtsinhaber wird erst nach seiner Amtszeit als Statue verewigt.

10.3

Aktuelle Informationen zu diesem großen Treffen finden Sie unter: www.sturgismotorcyclerally.com

Während der Rallye finden Konzerte, Rennen und Motorräder-Ausstellungen statt. Jährlich besuchen zwischen 500.000 und 750.000 Besucher dieses Festival, welches 2014 zum 74. Mal stattfindet.

Noch ein Wort zu den Bikern. Wenn wir in Deutschland solchen Ansammlungen begegnen, beschleicht uns meist ein ungutes Gefühl und Gedanken an möglicherweise kriminelle Vereinigungen wie die "Hell's Angels" tauchen vor unserem inneren Auge auf. In den USA haben wir diesbezüglich, besonders im Westen, ganz andere Erfahrungen gemacht. Die meisten Biker sind ausgesprochen nett, viele sind in bürgerlichen Berufen tätig und erfüllen sich mit dem Fahren einer solchen Maschine einen Traum aus Jugendtagen. Ich musste schon oft (hinterher) schmunzeln, wenn so ein "Kerl" in Lederklamotten mit Totenkopfbemalung auf mich zukam, seinen Colt zog (quatsch, seine Kamera!) und ganz höflich um ein Foto von sich in der Landschaft bat oder wenn er am frühen Morgen vor dem Motel mit einem Lederläppchen geradezu zärtlich seine Maschine trockenrieb.

10.4

Deadwood hat eine lange Geschichte, die mit der Entdeckung von Gold in den Black Hills 1874 ihren Anfang nahm.

Informationen dazu erhalten Sie unter:

www.deadwood.org

Eine amerikanische Fernsehserie gleichen Namens schildert das Leben in der Stadt (oder zu der Zeit besser noch: in dem Dorf) um 1876. Viele Geschichten basieren auf historischen Figuren, die Serie vermischt allerdings auch historische Fakten mit fiktiven Elementen.

Historisch genauer ist da schon das Buch mit dem gleichnamigen Titel von Pete Dexter.

11. Von Lead zum Devils Tower

Das Wetter könnte wirklich besser sein. Wir fahren erst einmal zum Tin Lizzy Casino, da es ja in unserem Hotel kein Frühstück gibt. Im Casino gibt es Frühstück für 4,99 $, allerdings ist es auch nicht viel mehr wert.

Unser erster TOP ist dann der Mount Moriah Cemetery (11.1). Wir bummeln über den Friedhof, der sehr schön am Hang gelegen ist, und sehen uns die unterschiedlichen Bereiche an: Hügel für die Armen, für unbekannte Tote, die Sektion für die Chinesen und das Memorial mit Fahne für die Veteranen des Sezessionskrieges und der Indianerkriege.

Dann wird unsere Aufmerksamkeit von einem gelben Schulbus angezogen, der über den Friedhof fährt. Wo will er hin? Wir folgen (auch in unserem Fahrzeug) dem Bus und landen am Grab von James Butler Hickok, besser bekannt als "Wild Bill" Hickok, einem der großen Westernhelden, einem Marshall und

Das Grab von Wild Bill Hickok

Glücksspieler (das eine schließt das andere hier nicht aus). Gleich daneben ist das Grab von Martha Canary, besser bekannt als "Calamity Jane". Während die Touristen aus dem Schulbus noch ergriffen den Ausführungen ihres Führers lauschen, führt uns unser Weg weiter nach Lead (11.2). Auch dies ist, genau wie Deadwood, eine frühere Bergarbeitersiedlung, allerdings heute ohne jedes Casino (und somit auch fast ohne Touristen). Die Zeit scheint stillgestanden zu sein. Der riesige Tagebau ist die einzige Sehenswürdigkeit.

Tagebau in Lead

Eine Führung machen wir allerdings nicht, in Ermangelung von Touristen sollen wir auf eine Führung zwei Stunden warten. Wir fahren noch ein wenig durch den Ort und machen Fotos von den Häusern. Die meisten stehen zum Verkauf oder sind schon reichlich verfallen. Der ganze Ort wirkt reichlich verlassen, aber vielleicht liegt es auch nur mal wieder am schlechten Wetter. In der Sonne sehen verfallene Häuser eher malerisch aus, wenn es regnet, treten die Spuren des Verfalls deutlicher hervor.

Auf dem Rückweg zur Interstate kommen wir am Ortsausgang von Custer nach am Tatanka Memorial vorbei.

Dies wurde von Kevin Costner nach dem Dreh des Films "Der mit dem Wolf tanzt" angelegt. Dort erklären Lakota-Indianer in einem nachgebauten Lager anhand von 14 überlebensgroßen Bronzestatuen die Geschichte des amerikanischen Bisons. Wir haben aber schon genügend lebende Bisons in diesem Urlaub gesehen und so fahren wir weiter über Spearfish zum nächsten National Monument, dem Devils Tower. Auf dem Weg dorthin passieren wir die Grenze nach Wyoming.

Devils Tower in Wyoming

Dieser Berg, der schon aus der Ferne deutlich sichtbar in den Himmel ragt, ist schon faszinierend. Er scheint an die Wolken zu stoßen. Wir fahren auf den Besucherparkplatz, sehen uns kurz (Sie kennen das schon) im Visitor Center um und machen uns dann auf die Wanderung um den Berg herum auf. Dieser ist eigentlich kein "Berg", sondern ein riesiger Monolith, der 265 m hoch ist. Er hat einen Durchmesser von 150 m und wird von den Indianern als Wohnsitz des Grizzlybären angesehen, und damit ist es ein heiliger Ort.

Bei unserem Rundgang um den Berg richtet sich unser Blick immer wieder nach oben. Der Monolith scheint aus vielen einzelnen Säulen zusammengesetzt zu sein, von denen einige stückchenweise abbröckeln. Außerdem sehen wir überall indianische Gebetsbeutelchen in den Bäumen hängen. Was so gar nicht zu dieser heiligen Stimmung passen will, sind die vielen Freeclimber, die auf den Berg einstürmen.

Schöner finde ich da schon die Geschichte der Kiowa-Indianer, die den Berg als Mateo Tepee (übersetzt: Bear Lodge) bezeichnen. Der Legende nach entstand der Berg, als sieben kleine Indianermädchen sich auf der Flucht vor einem Bären auf den Felsen retteten. Sie flehten den Felsen an, sie zu retten, und der Fels erhörte sie und wuchs in den Himmel. Die Bären sprangen den Felsen in ihrer Wut an, brachen riesige Felsbrocken aus ihm heraus und kratzten mit ihren Krallen tiefe Rillen und Spalten in den Felsen, jedoch konnten sie die Mädchen nicht erreichen. So entstanden die Rillen im Felsen. Der Fels aber wuchs und wuchs bis in den Himmel hinein. Die Mädchen sind noch immer im Himmel, als sieben kleine Sterne am Firmament: die Plejaden.

Gerade noch rechtzeitig vor dem wieder mal einsetzenden Regen sind wir am Auto und machen noch eine kurze Kaffeepause.

Unser Weg führt uns nun weiter bis nach Buffalo (werden hier alle Orte nach Tieren benannt?). Weiter kommen wir nicht, denn das Hotel ist einfach zu niedlich. Das Blue Gables Inn ist eine Ansammlung von kleinen Hütten. Die Betreiber sind sehr gastfreundlich. Wir gehen einkaufen und fallen auf eine Dose Ravioli herein. Die sind sicher sehr lecker, wir müssen nur die Dose aufbekommen, Claus kämpft heftig mit seinem Taschenmesser. Schließlich gelingt es uns, die Dose zu öffnen und unseren Hunger zu stillen. Wir hoffen morgen auf besseres Wetter. Vielleicht hilft ja ein Gebet zum großen Manitu?!

11.1

Wer Lust hat, kann an dieser Stelle einmal versuchen, ein bestimmtes Grab auf einem Friedhof in den USA zu finden: www.findagrave.com
Für Hobbyhistoriker eine wahre Fundgrube!

11.2

Lead wurde 1876 gegründet, ebenfalls nach Goldfunden. Die Homestake Mine ist die größte, tiefste und produktivste Goldmine der westlichen Hemisphäre. Heute arbeitet die Sanford Underground Laboratory in der Mine.
1974 wurde der größte Teil von Lead mit über 400 Häusern in das "National Register of Historic Places" (www.nps.gov/nr) aufgenommen.

12. Memorial Day und Sommeranfang

Der Sommer hat offiziell begonnen.

Es regnet in Wyoming, dem Datum angemessen. Wir frühstücken ein paar Reste und fahren lieber in Richtung Montana.

Doch zuerst müssen wir die Interstate noch einmal verlassen, es wartet Fort Phil Kearny (12.1) auf uns. Der geneigte Leser hat sicher schon gemerkt, dass wir nicht nur an keiner Eisenbahn, sondern auch an keinem Fort vorbeifahren können. Dieses Fort hat nur ganze zwei Jahre bestanden, von 1866 bis 1868. Es diente als Sicherung für die Overlanders auf dem Bozeman Trail (12.2).

Es ist lausig kalt und windig hier. Wir retten uns zum Aufwärmen ins Visitor Center. Der dort gezeigte Film hat Auszeichnungen bekommen, er ist auch wirklich sehr interessant und vor allem verständlich, ohne belehrend langweilig zu sein.

Wir machen das erste Mal in diesem Urlaub so richtig Bekanntschaft mit der Geschichte der Indianerkriege (12.3). Wir erfahren detailliert, wie das Fetterman-Massaker abgelaufen ist, wo und wie wer auf wen geschossen und (mehr oder weniger) getroffen hat. Die Schlacht selber war eine der großen Niederlagen einer Armeeeinheit gegen die Indianer und wurde nur noch, fast 10 Jahre später, von der Schlacht am Little Bighorn übertroffen.

Wir sehen uns anschließend im Außengelände das Mahnmal der Schlacht an und verfolgen in weiter Ferne die aufgestellten Reiterfiguren, die an die einzelnen Stellungen während der Schlacht erinnern. Wir

meinen, nun fast ein Gefühl für die Soldaten des Regiments zu bekommen. Von den ursprünglichen Gebäuden des Forts steht heute fast nichts mehr, einzig ein Teil der Schutzmauer und eine einzelne Offiziersbaracke stehen noch (oder wurden nachgebildet – so genau können wir das nicht feststellen).
Doch der Wind pfeift ordentlich und so verlassen wir diesen ungemütlichen Ort in Richtung Sheridan.

Fort Phil Kearny

Der Ort selber ist nicht weiter erwähnenswert. Er verfügt nur über ein Albertsons, einen Walmart und einen Liquor Store, wo wir unsere Vorräte auffüllen. Dann hat der beste Ehemann von allen die Idee, Lunch essen zu gehen. Wir entdecken ein Chinabuffet. Die sind in der Regel sehr gut und günstig, dieses macht keine Ausnahme.
Weiter geht es auf der I-90 in Richtung Montana. Und mit der Staatengrenze lassen wir auch die Wolken für heute hinter uns. Wir können es gar nicht richtig glauben, aber der Himmel über Montana erstrahlt in einem wunderschönen Blau, die dunklen Wolken haben sich in kleine weiße Wölkchen verwandelt und das Thermometer macht einen Satz nach oben.

Im Sonnenschein erreichen wir das Little Bighorn Battlefield National Monument. Die Schlacht am Little Bighorn ist ein wichtiger Bestandteil der amerikanischen Geschichte. Und so wichtig diese Schlacht für die amerikanische Geschichte ist, so (unerwartet) groß ist das Gelände. Das Little Bighorn Battlefield National Monument soll somit viel länger als geplant dauern (wie eigentlich immer, wenn wir etwas besichtigen).

Zuerst einmal (auch wie immer) geht es in das Visitor Center. Wir sehen uns das Museum an, verfolgen den obligatorischen Film und statten dem Gift Store einen kurzen Besuch ab. Anschließend geht es raus ins Gelände.

Ein Teil davon ist der Custer National Cemetery. Und der ist noch durchaus aktuell.

Der Custer National Cemetery im Little Bighorn Battlefield National Monument

Weiter geht es zum Indian Memorial. In einem Steinrondell reiten Indianerskulpturen auf Pferden umher. Dahinter dehnt sich der blaue Himmel über Montana (habe ich schon erwähnt, dass die Sonne scheint?).

Das Indian Memorial

Letztes Monument ist das große Memorial der Schlacht am Little Bighorn. Hier sind die Namen der Gefallenen der Schlacht auf einer Steinsäule verewigt. Wir fahren die vorgesehene Straße ab. Jedes Schild am Wegesrand erläutert einen Teil der Schlacht, nebenbei sehen wir auch zahlreiche Grabsteine (allerdings nicht so viele, wie man vielleicht vermuten könnte). Die Grabsteine der US-Soldaten sind in weiß gehalten, die der Indianer bestehen aus rotem Granit. Wir haben den Eindruck, dass die Indianer hier sehr fair bewertet werden. Der Ranger weist uns sogar noch eindeutig auf die Rolle der Indianer in diesem Konflikt hin. Sie hätten sich nur verteidigt und um ihr angestammtes Land gekämpft. Seine Erläuterungen gipfeln in der Aussage: "Custer was a Dummie!" (umgangssprachlich: ein Dummkopf) (12.4).

Allerdings hält uns diese Äußerung auch nicht davon ab, noch ein Foto vom Grab des Dummies zu machen.

Grabstelle von George Armstrong Custer

Es wird schon langsam wieder dunkel, als wir die Anlage in Richtung Wyoming verlassen. In Ranchester finden wir ein Motel für die anstehende Übernachtung.

PS: Heute war Memorial Day (12.5). Da darf ein Apple Pie am Abend zur Feier des Tages nicht fehlen.

12.1

Auf der Internetseite kann man sich ausführlich über die Geschichte des Forts informieren. Auch werden verschiedene Veranstaltungen angeboten. www.fortphilkearny.com

12.2

Der Bozeman Trail war eine weitere Überlandroute, die den Oregon Trail (vgl. Kapitel 3) mit den Goldfeldern im Westen Montanas verband, und wurde hauptsächlich zwischen 1863 und 1868 von Goldsuchern und Siedlern genutzt. Der Reiseweg bog nördlich von Fort Laramie in Wyoming vom Oregon Trail nach Nordwesten ab.

12.3

Das Fetterman-Massaker fand im Rahmen des Red-Cloud-Krieges statt und war ein bewaffneter Konflikt zwischen den Lakota und den Vereinigten Staaten. Er ist nach dem Oglala-Führer Red Cloud benannt und wurde mit dem Vertrag von Laramie beigelegt. Darin wurde der vollständige Sieg der Indianer anerkannt (aber nur für kurze Zeit, Sie erinnern sich. Vgl. 9.4).

12.4

George Armstrong Custer ist sicher eine der umstrittensten Figuren der US-Geschichte. Während ihn die einen für einen Dummkopf hielten, ist er für die anderen ein Held der Indianerkriege. Stark zu dieser Heldenverehrung trug sicherlich der Film "Sein letztes Kommando" (englischer Originaltitel: "They Died With Their Boots On") mit Errol Flynn in der Hauptrolle bei. Ein etwas neutraleres Bild von Custer gibt die Buch-Biographie von Mark L. Gardner.

Wer sich zusätzlich für die Geschichte der Besiedlung des Westens aus der Sicht der Indianer interessiert, dem sei das Buch von Dee Brown "Begrabt mein Herz an der Biegung des Flusses" ans Herz gelegt. Dee Brown hat übrigens auch ein Buch über das Fetterman-Massaker geschrieben, welches allerdings nur auf Englisch erschienen ist.

12.5

Der offizielle amerikanische Sommer dauert von Memorial Day (letzter Montag im Mai) bis Labor Day (erster Montag im September). Häufig richten sich die Öffnungszeiten der Sehenswürdigkeiten nach diesen Daten.

13. Toothpick Holder im National Forest

Das Frühstück war auch schon mal besser. Eigentlich ist nur kein Frühstück besser. Wir räumen jedenfalls fluchtartig den sogenannten Frühstücksraum (unsauber und keine Auswahl) und essen etwas auf unserem Zimmer.

Nun geht es weiter durch die Bighorn Mountains oder, genauer gesagt, durch den Bighorn National Forest. Der Bighorn Scenic Byway (13.1) ist einfach wunderschön. Die Sonne scheint und die Berge sehen einfach himmlisch aus. Wir halten an vielen Stellen und bewundern die Natur. Immer wieder werden wir von Hinweisschildern aufgehalten, die uns die Gesteine erklären und ihre genaue Entstehungszeit benennen ("Granite" – Pre-Cambrian 2.5 Billion Yrs.). Dabei sehen wir auch das erste Mal, welche Verwüstungen ein Tornado auf einem bewaldeten Berghang hinterlassen kann. Die Spuren sind noch deutlich zu sehen, obwohl der Durchzug des Tornados schon Jahre her ist. Zuerst hatten wir die Schäden im Waldbestand nämlich für die Folgen eines Waldbrandes gehalten. Wir fahren durch verwaiste Skigebiete und landen durch Zufall bei den Shell Falls (13.2). Der Wasserfall zwängt sich durch eine Granitschlucht und das Wasser donnert in die Tiefe. Von einem Rundweg aus hat man unterschiedliche Ausblicke auf das gurgelnde Wasser. Beim Ranger im Gift Store kaufen wir einen Zahnstocherhalter (Toothpick Holder). Früher nannte man diese Dinger schlicht Schnapsgläser (oder Shotglass), da aber der National Park Service nicht in Verbindung mit Alkohol gebracht werden darf, wurde das Glas kurz umgewidmet. Sogar auf der Rechnung steht die neue Bezeichnung. Die spinnen, die Amerikaner.

An den Shell Falls

Wir fahren weiter Richtung Cody. Die Landschaft ändert sich stark, denn wir verlassen die Berge und kommen in ein tiefgrünes Tal. Die erste Ortschaft hier ist Shell (Population: 50). Früher muss dieser Ort größer gewesen sein, davon zeugen die Community Hall und die Old Shell Lodge. Einige Holzhäuser sind ziemlich verfallen, aber an der Community Church dauern die Renovierungsarbeiten an. Einige neuere Holzhütten stehen zum Verkauf und das United States Post Office hält tapfer die Stellung. Auch eine Bar gibt es noch, an der ein Schild fast trotzig verkündet: Now open!

Die Bar in Shell

Weiter geht es durch Felder und an einem verlasse-
nen Flughafenmuseum vorbei nach Cody. Die Stadt
ist eine typische Westernstadt. Sie wurde von Buffalo
Bill 1896 gegründet und nach ihm benannt (vgl. 5.2).
Das Cody Museum hat einen "Stern" in unserem Reiseführer. Aber da im Moment mal wieder die Sonne
scheint, schenken wir uns das Museum. Stattdessen
schlendern wir die Hauptstraße entlang und ein mexi-
kanisches Restaurant verführt uns mit seiner Speise-
karte zum Lunch.
Nächstes Ziel, auch nicht angestrebt, eher per Zufall
im Vorbeifahren gefunden, ist der Buffalo Bill Dam,
der 6 Meilen von Cody entfernt den Shoshone River
aufstaut (13.3). Zur Zeit seiner Entstehung, im Jahre
1910, war es der höchste Staudamm der Welt. Wir
besteigen am Parkplatz ein kleines Elektroshuttle, das
uns zum Visitor Center und zum Damm bringt. Dort
sehen wir uns einen Film über den Bau an, der sich
als mehr als schwierig gestaltet hatte. Immerhin
musste in dieser Gegend und in dieser Höhe mit den
Schwierigkeiten eines langen und kalten Winters gekämpft werden. Ein Spaziergang über die Dammkrone

und ein Blick in die Tiefe verdeutlichen die Schwierigkeiten, mit denen die Arbeiter seinerzeit zu kämpfen
hatten.

Nun geht es aber endlich in Richtung Yellowstone.
Die Landschaft verändert sich wieder. Sind wir heute
Morgen durch die Berge gefahren und haben dann ein
grünes Tal durchquert, so geht es jetzt wieder in die
Berge. Und im Hintergrund sehen wir den ersten
Schnee. Wir steigen aus und bewundern den Chim-
ney Rock, klettern ein wenig um diesen außergewöhnlichen Felsen herum und machen ein paar Fotos.

Ein kleiner Bär am Eingang des Yellowstone NP

Und dann kommt er endlich, der Yellowstone National
Park (13.4). Gleich am Eingang empfängt uns ein
Begrüßungsbär. Wir sind zu schnell und fahren erst
einmal an ihm vorbei – also folgen ein U-Turn und
jede Menge Fotos. Es handelt sich scheinbar um einen kleinen Bären, der noch nicht so recht weiß, wie
ihm geschieht, als er hier einen Touristenauflauf aus-
löst. Wo kommen nur auf einmal diese vielen Autos

her? Als wir weiterfahren, kommt uns ein Ranger entgegen, der sich bestimmt seiner annehmen wird. Im spärlicher werdenden Licht der untergehenden Sonne erreichen wir endlich den Lake Yellowstone. Aber die Lichtverhältnisse sind doch immer noch so gut, dass der Bison vor dem Hintergrund sehr malerisch wirkt.

Nun gehen wir auf die Suche nach einem Quartier für die Nacht. Die nächstgelegene Möglichkeit ist Lake Village. Die sehr malerischen Cabins sind leider schon ausgebucht, das Hotelzimmer ist uns mit 230 $ viel zu teuer. Die Dame am Empfang sucht für uns das billigste Zimmer heraus, was im Park noch zu bekommen ist. Im Grand Village gibt es noch ein Zimmer für 138 $ (plus Tax = 151 $). Na gut, es ist schon ziemlich spät und wir haben keine Lust, heute Abend noch wieder den Park zu verlassen. Wir fahren also nach Grand Village und ahnen noch nicht, was wir für diesen Preis alles in dem Zimmer **nicht** haben werden, kein Frühstück, kein Internet, keinen Fernseher, keine Mikrowelle, keinen Kühlschrank, Eismaschine nur im Nebengebäude, kurz, eine Jugendherberge zum 5-Sterne-Preis. Sogar das Venetian in Las Vegas (immerhin ein Fünf-Sterne-Hotel) ist unter der Woche billiger. Hier bleibe ich garantiert nur eine Nacht.

Da wir nun ein Zimmer haben, fahren wir noch einmal los, und zwar zum West Thumb Basin. Wir haben Glück und können viel Wild beim Äsen beobachten. Wir wundern uns, wie trittsicher die Tiere sind. Wir bleiben doch lieber auf den Holzwegen, denn überall steigen kleine Dampfwölkchen aus der Erde auf und Hinweisschilder warnen: "Thermal Area"!

Die Tiere scheinen sich durch nichts aus der Ruhe bringen zu lassen, schon gar nicht durch die Touristen, von denen manche mit ihren kleinen Kameras geradezu Jagd auf das Wild machen. Unser größtes

Problem ist es, an diesen Touristenmassen vorbeizu-
kommen und nicht vom Holzweg geschubst zu werden.

Deer unter Beobachtung am West Thumb Basin

Wir bleiben, bis es vollständig dunkel und lausig kalt
wird. Abendessen gibt es auf dem Zimmer, wir haben
keine Lust, noch bis zum Restaurant zu hiken.
Claus studiert die Karte für morgen.

13.1

Der Bighorn Scenic Byway (US14) verläuft von Ranchester nach Shell und durchquert dabei die Bighorn Mountains.

Leider haben wir erst später von der Medicine Wheel Passage (U.S. Highway 14A) gehört, die am Medicine Bighorn Wheel vorbeiführt. Seit Jahrhunderten nutzen die Crow Indianer dieses Gelände zum Fasten und Beten.

Der Cloud Peak Skyway (US16) durchquert den National Forest im Süden und führt dabei über den Powder River Pass auf 2950 m Höhe.

Insgesamt kann man hier sicher mehr sehen, als wir es getan haben, da wir nur "durchgefahren" sind.

13.2

Leider sind die Reiseführer für diese Gegend nicht sehr ausführlich. So entdecken wir immer wieder abgelegene oder nicht eingezeichnete kleinere Sehenswürdigkeiten am Straßenrand.

Eine gute Alternative zur Vorbereitung (die wir entgegen meiner eigenen Hinweise mal wieder nicht ausführlich genutzt haben!) bieten die Seiten der Tourismusorganisationen, in diesem Fall:

www.wyomingtourism.org

Über Montana erhalten Sie Informationen unter:

travelmontana.mt.gov oder visitmt.com

13.3

1971 wurde der Staudamm in das Register of Historic Places (www.nps.gov/nr) aufgenommen. Außerdem steht er in der Liste der National Historic Civil Engineering Landmarks.

Weitere technische Einzelheiten finden Sie auf der offiziellen Homepage des Staudamms unter: www.bbdvc.com

13.4

Wenn Sie bei Wikipedia unter dem Stichwort Yellowstone nachschlagen, finden Sie folgende Erläuterung:

Der Yellowstone-Nationalpark ist ein Nationalpark in den Vereinigten Staaten und wurde am 1. März 1872 gegründet. Damit ist er der älteste Nationalpark der Welt. Der Name des Parks ist vom Yellowstone River übernommen, dem wichtigsten Fluss im Park. Der Park ist vor allem für seine geothermalen Quellen wie Geysire und Schlammtöpfe sowie für seine Wildtiere wie Bisons, Grizzlybären und Wölfe bekannt. Er ist das Herz des größeren Yellowstone-Ökosystems. 1978 erklärte ihn die UNESCO zum Weltnaturerbe.

Doch diese eher nüchterne Schilderung wird Sie in keiner Weise auf die Wunder dieser atemberaubenden Landschaft einstimmen. Für mich ist der Yellowstone NP der schönste Nationalpark der USA, eine Welt aus lauter Wundern.

Tipp: Planen Sie mindestens 4 Tage für einen Besuch ein, wenn Sie diese Wunder wirklich erleben wollen! Informationen unter: www.nps.gov/yell

14. Endlich Yellowstone

Wir frühstücken wieder auf dem Zimmer (nothing for the enemy!) und machen uns auf den Weg. Erster Halt ist natürlich am Old Faithful (14.1). Er soll um 10.20 Uhr ausbrechen (plus minus 10 Minuten). Weil sich seine Ausbrüche so genau vorhersagen lassen, hat er auch seinen Namen bekommen: Alter Vertrauenswürdiger/Treuer. Es wird dann doch 10.40 Uhr und der Ausbruch ist auch nicht so spektakulär, wie wir ihn in Erinnerung hatten (14.2).

Wir fahren weiter in Richtung Madison und biegen dort ab nach West Yellowstone, dem Ort, der gleich am westlichen Eingang des Parks liegt. Kurz hinter Madison kommt uns dann ein Ranger entgegen und

Viehtrieb mitten auf der Straße zwischen Madison und West Yellowstone

hält uns an. Wir stoppen und es passiert – erst einmal nichts.

Wir fragen den Ranger, was passieren soll. Er sagt, wir werden schon sehen.

Und wir sehen – es kommen uns auf der Straße un- zählige Bisons entgegen. Sie werden von Rangern auf Pferden im Frühjahr wieder aus Montana in den Park zurück getrieben. Im Winter ziehen die Bisons auf der Suche nach Nahrung nach Norden und halten sich nicht an die Parkgrenzen(!). Außerhalb der Park- grenzen sind die Bisons aber nicht geschützt und werden von den Farmern gejagt und getötet, weil diese Angst vor Ansteckungen ihrer Rinderbestände mit Krankheiten, vor allem Brucellose, haben.

Wir haben so etwas noch nie gesehen. Bisons, so weit das Auge reicht, rechts vom Auto, links vom Au- to, fast im Auto. Auch als wir weiterfahren, müssen wir immer wieder für Wildlife halten (14.3).

Nachwuchs bei den Bisons

In West Yellowstone suchen und finden wir ein recht nettes Motel mit WiFi, TV, Telefon und Küche für 69 $ abzüglich AAA-Discount. Wir buchen erst einmal für

zwei Nächte. Auf unserer Hotelsuche haben wir ein kleines Restaurant gesehen, das sehr einladend aussah (14.4). Wir gehen zum Lunch in das "Running Bear Pancake House" (runningbearph.com).
Zwei Omelettes mit Ham, Cheese, Toast, Jelly, Hash Browns und Kaffee für ganze 21 $.

Brodelnde Erde im Yellowstone NP

Dann fahren wir wieder in den Park. Gleich hinter dem Eingang begrüßt uns aus dieser Richtung das Nest eines Weißkopfadlers. Wir dürfen zwar nicht halten, aber wozu haben wir ein Teleobjektiv und sind geübt im Fotografieren aus dem fahrenden Auto heraus. Laut Karte biegen wir nun auf den Firehole Canyon Drive ab. Wir bewundern die Firehole Cascades und die Firehole Falls und beobachten mal wieder Touristen. Ein Phänomen unter Touristen scheint in Nationalparks zu sein, dass sie nicht lesen können. Da stehen überall große Schilder, auf denen in allen Sprachen dieser Welt (einschließlich Chinesisch und **Deutsch**) darauf hingewiesen wird, dass das Füttern von Wildtieren untersagt ist. Warum können sich einige Leute einfach nicht daran halten? Man tut den Tieren einfach keinen Gefallen damit.

Wir sammeln weiter sprudelnde Geysire (14.5), nur der White Dome Geyser will nicht für uns ausbrechen. Es folgen unzählige blubbernde Fumarolen und dampfende Löcher, mehr oder weniger mit Wasser gefüllt und in den unterschiedlichsten Farben (14.6).

White Dome Geyser

Zum Abschluss des Tages gehe ich waschen. Claus setzt mich an der Coin Laundry ab. Er will in der Zwischenzeit einen Ölwechsel machen lassen – doch daraus wird nichts, die Werkstatt hat schon geschlossen. Ich sitze derweil in der Sonne vor der Laundry, drinnen schleudert die Wäsche.
Nachdem alles wieder trocken und zusammengelegt ist, gehen wir Vorräte auffüllen. Wir haben noch Reste vom Lunch, die durch ein wenig Coleslaw und Krabbensalat ergänzt werden. Wir decken uns auch gleich für das Frühstück morgen ein und kaufen Pancakes und French Toast für die Mikrowelle und Cereals mit frischer Milch.

14.1

Auf der Seite des National Park Service können Sie auf einer Webcam die Eruptionen des Old Faithful life beobachten. Es ist allerdings kein Vergleich zum Original.

14.2

Die Höhe der Ausbrüche richtet sich nach dem Wasserdruck im Untergrund und fällt unterschiedlich hoch aus. Wenn Sie Zeit haben, sehen Sie sich ruhig mehrere Ausbrüche an.

14.3

Wenn Sie, wie wir in diesem Urlaub, im Mai unterwegs sind, haben Sie die seltene Gelegenheit, Jungtiere in der Bisonherde zu beobachten. Bitte beachten Sie die Warnung der Ranger, nicht zu nahe an die Jungtiere heranzugehen – benutzen Sie lieber das Teleobjektiv ihrer Kamera. Auch Bisonmütter schützen ihre Jungen. Und die Tiere sind unglaublich schnell! Bisons können sehr rasch auf über 50 km/h beschleunigen und diese Geschwindigkeit über einen längeren Zeitraum aufrechterhalten.

14.4

"Einladend" heißt in diesem Fall, es stand ein Polizei-
auto vor der Tür. In Kleinstädten ist dies ein Geheim-
tipp, denn Polizisten wissen immer, wo es das beste
Essen gibt. Gleiches gilt auf der Interstate für eine
Ansammlung von Trucks.

14.5

Leider kann ich Ihnen nicht mit einer namentlichen
Aufzählung aller Geysire dienen, dazu sind es zu viele. Aber in jedem Reiseführer finden Sie eine umfas-
sende Aufstellung aller sehenswerten Geysire im Yellowstone. Insgesamt soll es mehr als 10.000 Geysire,
dampfende Ausbruchskanäle, Schlamm-Vulkane und
heiße Quellen im Park geben, von denen 250 bis 300
ausbrechen. Einige alle paar Minuten, einige alle hundert Jahre.

14.6

Bakterien in den heißen Quellen sorgen für eine unterschiedliche Färbung. Im Zentrum sind die Quellen
kochend heiß, das Wasser erscheint tiefblau. Zum
Rand hin kühlt das Wasser ab, so dass Algen hier
leben können, die die Quellen gelb oder grün erschei-
nen lassen. Ganz am Rand weisen die Quellen einen
orangen Farbton auf, weil sie dort noch kälter sind,
allerdings immer noch um die 60 °C heiß, also nicht
hineinfassen.

Coin Laundries gibt es überall. Früher musste man zur Vorbereitung eines Besuches noch Quarters sammeln, heute stehen in den meisten Laundries Automaten, die Ihre Scheine "kleinkriegen".

Tipp: Wenn Sie sicher gehen wollen, sollten Sie Waschpulver aus Deutschland mitnehmen, da das Waschpulver in den USA mehr Bleiche enthält und Ihre Wäsche in ganz neue Farbdimensionen überführen kann. Besser ist es außerdem, die Wäsche auf der Temperatur "cold" zu waschen. Das entspricht ca. 40 °C und ist meiner Erfahrung nach für Wäsche im Urlaub völlig ausreichend.

Coin Laundry in West Yellowstone

15. Geysire, Dampf und Schwefel

Wir wollen heute die große nördliche Kurve fahren (15.1). Deshalb stehen wir auch mal wieder viel zu spät auf (manchmal möchten wir auch im Urlaub ausschlafen) und kommen erst gegen 10 Uhr weg. Auf dem Weg nach Madison kommt uns wieder eine Herde Bisons entgegen (expect delays!). Erster Halt hinter Madison sind dann die Gibbon Falls, zweiter Halt ist die Beryl Spring. Beide bieten wieder schöne Fotomotive.

Gibbon Falls

Nach diesen kurzen Stopps parken wir am Artists Paintpot. Wir "hiken" 1/3 Meile (kann man das schon Hike nennen?!), aber immerhin geht es hoch und runter. Neben den schönen bunten Quellen "bewundern" wir noch eine vierköpfige deutsche Familie, die ganz gewaltig nach "fun" aussieht. Wie kann man nur im Urlaub so wenig Spaß haben? Die Kids traben völlig lustlos hinter ihren Eltern her über die Holzwege (15.2) durch eine Zauberlandschaft. Um uns herum blubbern überall heiße Quellen und Dampf steigt aus jeder Ritze auf.

Blubbernde Löcher in der Erde

Wir beobachten die Schlammlöcher, aus denen immer wieder weiße Blasen aufsteigen, zerplatzen und wieder aufsteigen. Hier gibt es keine Farben, alles in den Löchern ist weiß oder grau.

Die Karte (15.3) zeigt uns nun, dass dringend ein Halt beim Norris Geyser Basin angesagt ist. Wir steigen in den Krater hinab und machen uns auf den kleinen Rundweg. Dieser geht nach einer Weile in die große Runde über, die zum Steamboat Geyser führt. Der Steamboat Geyser, und nicht der Old Faithful, ist der höchste Geysir der Welt. Er ist schon länger nicht ausgebrochen und kein Mensch weiß, wann dies das nächste Mal passieren wird (15.4).

Auf der weiteren Runde machen wir dann noch Bekanntschaft mit einer weiteren, leider negativen, Auswirkung des Tourismus. Wir sehen den Minute Geyser. Dessen Ausbrüche haben sich dramatisch verän dert. Früher brach er ungefähr alle 60 Sekunden aus (daher auch sein Name), doch in der Frühzeit des Tourismus im Yellowstone führte die Parkstraße direkt am Geysir vorbei und Touristen warfen Steine und Münzen in den Trichter. Seine jetzigen Ausbrüche kommen nur noch aus dem kleineren Teil des Trichters und sind sehr unregelmäßig. Eine Säuberung des Trichters würde schweres Gerät erfordern, deren Einsatz aber wegen des instabilen Untergrunds nicht möglich ist bzw. sehr viel Geld kosten würde. So steht heute neben dem Geysir ein Hinweisschild mit der Aufschrift: "*Minute Geyser's destruction stands today as a sad reminder of thoughtless behavior on the part of some visitors.*"

Minute Geyser im Norris Geyser Basin

Ob sich heutige Touristen vernünftiger verhalten, wage ich manchmal zu bezweifeln.
Es ist sehr warm im Norris Geyser Basin, wenn die Sonne scheint. Verschwindet die Sonne aber hinter den Wolken, wird es fast sofort lausig kalt. Jacke an – Jacke aus – Jacke wieder an, Hut auf, Hut runter, wir

sind beschäftigt. Dazwischen müssen dann auch noch Fotos gemacht werden. Am Abend haben wir trotz Sonnencreme (15.5) einen gewaltigen Sonnenbrand auf den Armen. Wir statten nun dem Visitor Center im Norris Geyser Basin noch einen Besuch ab (15.6) und sehen uns die Schautafeln über den großen Brand im Park im Jahre 1988 an, bei dem 36 % des Parks betroffen waren. Er musste sogar zeitweise für Touristen geschlossen werden (15.7).

Wir können uns noch gut an unseren Besuch im Jahre 1989 erinnern. Damals haben uns die vielen schwarzen Flächen stark beeindruckt. Ganze Hänge wirkten tot und verbrannt. In einigen Gegenden säumten verbrannte Bäume den Straßenrand. Wir hatten damals den Eindruck, dass große Teile des Parks dem Brand zum Opfer gefallen waren. Ging man auf den ausgeschilderten Wegen zwischen diesen Bäumen entlang und es kam Wind auf, verursachten die gegeneinanderschlagenden Bäume ein dumpfes Geräusch, das aus einem Horrorfilm zu stammen schien. Alles wirkte dunkel und trostlos. Besonders schön finden wir deshalb bei unserem jetzigen Besuch die vielen grünen Flächen.

Auf dem Weg nach Mammoth Hot Springs

Vom Gift Store, wo wir noch ein Video über das große Feuer im Park kaufen, geht es weiter nach Norden. Wir passieren Roaring Mountain und machen eine kleine Lunchpause mit Blick auf die Wiesen vor den Bergen.

Schließlich erreichen wir Mammoth Hot Springs. Wir biegen nach links ab auf den Upper Terrace Circle. Dieser Rundweg ist uns völlig unbekannt (15.8), da er für Wohnmobile gesperrt ist und wir ihn so 1989 nicht gefahren sein können. Schon die erste Parkbucht gehört uns. Wir steigen aus und machen uns auf den Weg. Wir erkunden die Terrassen aus der Nähe. Es ist wirklich wunderschön hier. Aber wir haben nicht den Hauch einer Erinnerung. Fast zwei Stunden geht es nun rauf und runter. Wir fahren nur noch kurz den Rundweg entlang, dann parken wir unterhalb der Springs und wieder geht es rauf und runter. Wir könnten schwören, dass Minerva Spring vor 20 Jahren noch aktiv war, alles hat sich doch stark verändert.

Sinter-Terrassen in Mammoth Hot Springs

Wir sind ganz schön fertig, als wir die Terrassen verlassen. Und dann sollen wir auch noch zu den Restrooms wandern, die aber weit abseits liegen. Wir geben auf. Noch eine kurze Rundfahrt durch den Ort Mammoth, ein Foto von einem Bison direkt vor dem Hotel, dann geht es wieder nach West Yellowstone. Abendessen gibt es noch schnell aus der Mikrowelle. Das Gericht heißt Hungry Man XXL, ist aber bei weitem nicht so groß, wie es sich anhört.

Während wir essen, läuft im TV ein Buchstabierwettbewerb: Spelling Bee (15.9). Die Wörter sind uns völlig unbekannt. Wir identifizieren nur "Fackeltanz" und „Menhir", aber wie sollen amerikanische Kinder jemals diese Wörter buchstabieren. Wir bewundern die Kids maßlos. Übrigens stehen die Sieger in diesem nationalen Wettbewerb, die sich aus Siegern der einzelnen Bundesstaaten rekrutieren, am nächsten Tag sogar auf der **Titelseite** der USA Today. Sogar in den Nachrichten werden sie erwähnt. Dort erfahren wir als wichtige News auch, dass das nächste Casting für American Idol diesmal auch wieder in Denver stattfinden wird. Das ist wirklich wichtig!

15.1

Die Straßen im Yellowstone NP bilden eine große Acht mit Ausfahrten im Nordosten, Norden, Westen, Südosten und Süden. Wenn ich von der Nordkurve rede, meine ich die Strecke über Madison und Norris nach Mammoth Hot Springs und weiter über Tower Roosevelt und Canyon Village wieder nach Norris.

15.2

Wie gut ist Ihr Chinesisch? Für alle anderen sind die folgenden Schaubilder und die Übersetzung gedacht.

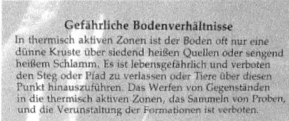

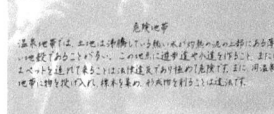

15.3

Eine genaue Karte vom National Park bekommen Sie am Visitor Center. Dort erklären Ihnen die Ranger auch gerne, welche besonderen Sehenswürdigkeiten es im Park gibt und welche Zeit Sie für die jeweilige Besichtigung einplanen sollten. Außerdem bekommen Sie Informationen über gesperrte Gebiete.

15.4

Es passierte am 2. August 2013 um 9.20 Uhr morgens. Der Ausbruch dauerte 9 Minuten und die Höhe der Wassersäule betrug 200 - 300 feet (ca. 60 - 90 m). Der letzte Ausbruch davor war 2005.
Ein Video des Ausbruchs finden Sie unter:
www.today.com/travel/yellowstones-steamboat-geyser

15.5

Den Sonnenschutz kaufen wir uns übrigens immer in den USA. Dort gibt es in den Drugstores gute Präparate mit einem entsprechend hohen Sonnenschutzfaktor (wir fangen mit 40 oder 50 an und wechseln nach einer Woche zu einem niedrigeren Schutzfaktor).
In diesem Fall hätten wir uns wohl etwas häufiger eincremen sollen!

15.6

Größere Parks verfügen schon einmal über mehrere Visitor Centers. Häufig sind sie strategisch an den unterschiedlichen Eingängen verteilt.

15.7

Nähere Informationen zu dem Feuer unter:
de.wikipedia.org/wiki/Brände_im_Yellowstone-Nationalpark_1988

15.8

Wir erfahren später durch eine Schautafel, dass die Terrassen fast jedes Jahr ihr Aussehen ändern. Durch das Ablagern von in heißem Wasser gelöstem Kalk bilden sich kleine Dämme. Dadurch entstehen natürliche Hindernisse, das Wasser muss ständig seine Fließrichtung ändern. Es entstehen neue Feuchtgebiete, andere Teile fallen trocken. Es bilden sich so immer neue Becken, in denen sich unterschiedliche Bakterienarten ansammeln und für immer neue Farbstrukturen sorgen, ein echtes Naturschauspiel.

15.9

Hier mehr über Spelling Bee, was in den USA unglaublich populär ist:
en.wikipedia.org/wiki/Spelling_bee

16. Wasserfälle

Wir erreichen den Eingang des National Parks um 11.27 Uhr. "Enjoy your afternoon", ist die Reaktion der Rangerin. Dies besagt wohl, dass wir ziemlich spät dran sind. Wir haben ein wenig die Zeit im Ort West Yellowstone vertrödelt. Ich musste erst noch Bisons fotografieren, dieses Mal bemalte und schrecklich bunte, auf denen unterschiedliche Themen dargestellt werden. Man kann sich über die Historie der Campingbewegung oder über das Leben der Indianer auf den Büffeln informieren.

Bemalte Büffel in West Yellowstone

Und dann stehen wir wieder hinter einer Herde von echten Bisons (expect delays!), bevor wir endlich am Grand Canyon of the Yellowstone ankommen. Wir fahren erst einmal zum North Rim. Der erste Trail gleich neben dem Parkplatz erscheint uns viel zu steil, nein, das machen wir nicht. Wir gehen zum nächsten

Aussichtspunkt und blicken auf die Lower Falls hinunter. Dabei entdecken wir eine Plattform direkt neben der Kante. Da sollten wir doch hingehen, gehen wir eben langsam, irgendwie kommen wir schon wieder hoch. Und es lohnt sich – und ist auch gar nicht schwer. Wir stehen direkt an den Falls, das Wasser rauscht direkt neben uns in die Tiefe. Wir sehen in den Canyon hinunter und erblicken einen Regenbogen. Wunderschön. Claus ist so begeistert, dass er sogar einen Japaner fragt, ob er ein Foto von uns macht. Macht er, allerdings stehen wir etwas schief auf dem Foto. Zur Sicherheit frage ich noch eine Dame, die zwei Kameras um den Hals hängen hat und so aussieht, als könne sie mit diesen auch umgehen.

Lower Falls von oben gesehen

Und was für ein Glück. Carol ist eine Profifotografin, die davon lebt, Postkartenfotos zu machen, z. B. vom Yellowstone, vom Grand Canyon, von Arizona. Claus bekommt sogar zum Wechseln ihre Objektive, ein Fisheye und ein anderes extremes Weitwinkel. Claus fotografiert und fotografiert und ich unterhalte Carol.

Claus ist begeistert davon, was man alles aufs Bild bekommt. Carol Polish (so ihr voller Name) macht dann auch noch ein Foto von uns. Wir sind allerdings hinterher nicht so begeistert. Sie platziert uns direkt an den Rand des Bildes und mit dem Fisheye verzerren sich unsere Köpfe zu einer Eiform. Auch die von ihr empfohlene Unterbelichtung erweist sich im Nachhinein nicht als der absolute Volltreffer. Claus' Bilder werden davon jedenfalls nicht besser, nur dunkler. Wir gehen mit Carol wieder nach oben. Auf dem Parkplatz kaufen wir ihr ein Linsenputztuch aus ihrer Kollektion ab. Dafür bekomme ich noch einen ganzen Haufen Ansichtskarten mit allen möglichen Motiven geschenkt. Ich finde die Fotos nicht umwerfend, gut schon, aber nicht so außergewöhnlich. Ich bin fest davon überzeugt, dass unsere Fotos genauso gut sind. Wir haben nur nicht immer die Zeit, auf die idealen Licht- oder Wetterverhältnisse zu warten. Wir klappern nun alle Aussichtspunkte am Nordrand ab, bevor wir uns wieder ins Auto setzen und zum Südrand und den Upper Falls fahren.

Blick auf die Lower Falls über den Canyon

Auch hier gehen wir wieder direkt zu den Fällen, diesmal ist der Weg allerdings viel leichter und kürzer. Auch am Südrand nehmen wir jeden Aussichtspunkt mit. Dann geht es zum Schluss des Tages noch zum Aussichtspunkt auf der anderen Seite des Parks. Von hier hat man einen fantastischen Ausblick auf die Lower Falls aus der Ferne und über den gesamten Yellowstone Canyon hinweg. Wir genießen den Ausblick zusammen mit zwei Japanern, die mit einem Stativ bewaffnet sind und sich gegenseitig vor den Fällen fotografieren.

Wir sind reichlich geschafft, als wir am Abend wieder in West Yellowstone sind.

Der Geyser Grill in West Yellowstone

Wir gehen auf die Suche nach einem Lokal für das Abendessen. Vor einem kleinen Restaurant, dem Geyser Grill, stehen gleich zwei Polizeiwagen, wieder ein sicheres Zeichen für gutes Essen. Claus isst einen Burger, ich Ribs. Ganz ausgezeichnet.

17. Noch mehr Geysire

"Re-entering this morning? You're on your way!"
Heute ist die Begrüßung angemessen. Es ist 9 Uhr
und die Rangerin hat wohl schon lange ausgeschla-
fen.
Wir fahren mit einigen Bisonstopps zum Old Faithful.
Es ist 10.30 Uhr, als wir ankommen. Old Faithful soll
um 10.33 Uhr ausbrechen. Perfektes Timing. Wir finden, der Ausbruch ist viel besser als letztes Mal.

Old Faithful Geyser

Anschließend bummeln wir durch das Old Faithful
Basin. Die Sonne scheint und es geht uns gut. Wir
sehen jede Menge Geysire, ausbrechende oder ruhi-
ge oder sogar schon tote. Der Sawmill Geyser bietet
uns ein ganz besonderes Schauspiel. Wir sind erst
der Meinung, er spucke immer so heftig. Wir bewundern ihn ausgiebig und machen jede Menge Fotos.

Dann wenden wir uns den nebenliegenden spuckenden Löchern zu, und als wir uns umdrehen, ist der Sawmill Geyser nicht mehr zu sehen. Er ist einfach ausgetrocknet.

Der sprudelnde Sawmill Geyser

Wir gehen über eine Brücke und bewundern noch den Castle Geyser. Wir wollen aber nicht auf seinen Ausbruch waren. Das könnte länger dauern.
Zum Schluss sehen wir uns noch das Old Faithful Inn an (17.1). Das Hotel besteht ganz aus Holz und der Innenraum ist wunderschön und wird von einem großen Kamin beherrscht. Es wurde 1904 gebaut und wäre beinah 1989 bei dem großen Feuer zerstört worden. Freunde haben uns berichtet, dass die Übernachtung nicht ganz preiswert ist. Außerdem besteht immer die Gefahr von Feueralarm in der Nacht (einige Touristen können scheinbar das Rauchen in den historischen Räumen nicht unterlassen). Wir kaufen ein sehr gutes Eis, welches wir im Freien mit Blick auf den Old Faithful verzehren. Dabei betrachten wir mit immer mehr Sorge den Himmel. Es wird dunkler. Wenn wir noch etwas Sonne abbekommen wollten, sollten wir weiterfahren. Über das Porcelain Basin

geht es nach West Thumb. Wir haben die Hoffnung auf Sonne schon fast aufgegeben, aber am Lake Yellowstone scheint sie noch. Wir gehen am See entlang und vermerken, dass der Wasserstand ziemlich hoch ist, denn der Fishing Cone, ein Geyser im See,

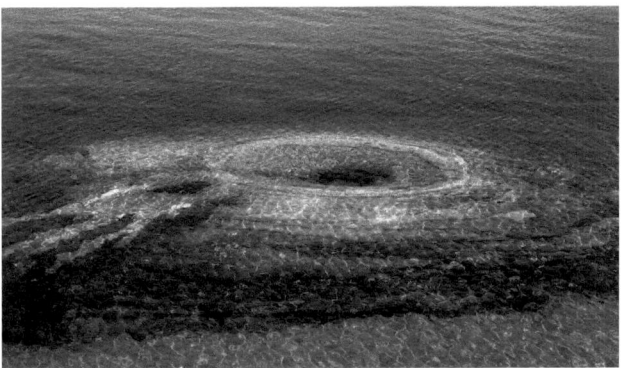

Fishing Cone unter Wasser

ist vollständig unter Wasser. Wenn wir nicht das Hinweisschild sehen würden, würden wir ihn glatt übersehen. Wir lassen uns später von Freunden, die im Herbst im Park waren, Bilder zeigen. Dann ist der Wasserstand des Sees niedriger und der Cone ragt aus dem Wasser heraus. Der Steg führt weiter am Wasser entlang, hinter den Bergen steigen die ersten Wolken auf. Aber noch scheint die Sonne und die Szenerie mit dem vorbeiziehenden Segelboot auf dem Wasser ist einfach malerisch. Neben dem Steg blubbert es, manchmal steigt uns der Geruch von Schwefel in die Nase.

Auf dem Weg zurück zum Parkplatz sehen wir eine Ansammlung von Touristen, die in den Wald starren. Da gibt es sicher etwas zu sehen. Wir schleichen uns heran und durchforschen die Bäume. Da sehen wir es, Bambi mit seiner Mutter. Wir bleiben eine Weile

Bambi im Wald

stehen und beobachten die Idylle, da fallen die ersten Tropfen. Wir fahren trotzdem noch einmal Richtung Firehole Lake Drive. Am Straßenrand fasziniert uns wieder Wild. Die Tiere finden ihren Weg durch den Nebel und verschwinden dann im Nichts (17.2).

Rudel am Straßenrand

Am Lake Drive können wir heute den Ausbruch vom White Dome Geyser beobachten. Seit es regnet, ist der Nebel viel dichter, stärker und alles sieht viel dramatischer aus.

Abendstimmung am Firehole Lake Drive

Zurück nach West Yellowstone. Am Ortseingang habe ich ein kleines Outlet entdeckt. Leider ist die Auswahl nicht so groß, wie ich vermutet habe, aber es reicht für ein schönes Jeanshemd. Zum Abendessen gehen wir wieder in "unseren" Grill von gestern. Heute teilen wir uns die "Bear Plate", vier Sorten Fleisch mit French Fries, Coleslaw und Beans. So wird der Hunger von zwei Bären gestillt.

17.1

Wenn Sie hier keine Übernachtung buchen wollen, sondern an ein paar Informationen über das Gebäude interessiert sind, finden Sie diese hier unter:
en.wikipedia.org/wiki/Old_Faithful_Inn

17.2

Wenn Sie mehr über die Tierwelt im Yellowstone, besonders über die Wölfe, die es hier gibt, erfahren wollen, kann ich Ihnen das Buch von Elli H. Radinger: Die Wölfe von Yellowstone, empfehlen. Die Autorin hat außerdem einige kleinere Ebooks über ihre Touren im Yellowstone geschrieben, in denen sie ihre Begegnungen mit unterschiedlichen Tierarten beschreibt.

18. Auf dem Weg in den Grand Teton NP

Ich habe gut geschlafen und bin folglich um 6 Uhr wach, stehe auf und mache einen kleinen Spaziergang, während meine bessere Hälfte langsam aufsteht. Die Sonne scheint und ich mache ein paar Fotos von unserem Motel. Um 8 Uhr sind wir in der Küche, wir wollen frühstücken. Aber heute sind wir nicht alleine. Ganz Chinatown frühstückt mit uns, gezählte 15, gefühlte 500 Chinesen bevölkern die Küche. Es wird gekocht. Auf dem Herd dampft es aus allen Töpfen. Wir wollen nicht stören und sofort wieder gehen, aber wir werden sehr freundlich begrüßt und bekommen sogar etwas von der Kochorgie ab. Es gibt für uns sechs Eier(!), over easy (d. h. von beiden Seiten gebraten und sehr lecker, da so ganz unamerikanisch gewürzt).

No stopping – no standing !??

Zum letzten Mal geht es in den Yellowstone. Zum Abschied machen wir auch noch ein Foto vom Yellowstone-Bären, leider nicht in echt, sondern nur als Bronzestatue. Auf dem Weg sehen wir noch einmal unseren Bald Eagle, diesmal sogar mit Partner (oder Partnerin). Diesmal können wir aber keine Fotos machen, Touristen versperren uns den Weg und parken genau unter dem Halteverbotsschild. Ein wahrer Menschenauflauf. Auch die Bisons halten uns noch einmal auf. Aber die genießen wir.

Im Midway Geyser Basin bewundern wir den großen Pool mit dem Namen Grand Prismatic Spring. Wir gehen den ganzen Rundweg um die Quelle herum. Dieser ist ganz neu angelegt und besteht nicht mehr aus Holz, sondern aus recyceltem Plastik (mit Unterstützung der Firma Unilever). Mitten auf dem Steg kommen uns dann unsere Chinesen vom Frühstück entgegen. Wir werden auf das Herzlichste wie alte Bekannte begrüßt.

Unsere "Frühstücks-Chinesen" im Midway Geyser Basin

135

Die Grand Prismatic Spring ist die größte Quelle im Yellowstone und wahrscheinlich eine der farbenprächtigsten. Weil das Wasser hier so heiß ist, schwebt meist eine Dampfsäule darüber. Ein grandioser Anblick.

Unser nächster Rundweg führt durch das Black Sand Basin. Auch hier sind wieder einige schöne Quellen zu bewundern, u. a. der Emerald Pool, der genauso schön gefärbt ist wie die Grand Prismatic Spring. Außerdem bewundern wir einen kleinen Geysir (Cliff Geyser), der direkt neben dem Flusslauf liegt. Das gibt besonders schöne Fotomotive, zumal er direkt neben uns ausbricht.

Cliff Geyser

Wir verlassen nun den Yellowstone in Richtung Süden. Wenn man den Himmel betrachtet, nehmen wir die Sonne dabei mit. Wir passieren die Continental Divide, die Kontinentale Wasserscheide, bevor wir dicht hinter dem Ausgang am Lewis Lake halten. Dieser ist noch nicht ganz aufgetaut und bietet ein faszinierendes Panorama. Gleich dahinter sind die Lewis Falls. Klein, aber fein.

Wir sehen übrigens hier zum ersten Mal eine wirkliche Ansammlung von RVs. So viele gemietete RVs von Cruise America (man erkennt sie genau an der auffälligen Bemalung auf den Seiten) haben wir in diesem ganzen Urlaub noch nicht gesehen. Unzählige Wohnmobile kommen an uns vorbei, irgendwann höre ich sogar mit dem Zählen auf.

Über einen schönen Highway geht es direkt in den Grand Teton National Park hinüber. Da das Wetter leider zunehmend schlechter wird, halten wir am Colter Bay Visitor Center und sehen uns das Indian Arts Museum an.

Wir bewundern Schärpen in vielen bunten Farben, geschnitzte Pfeifenköpfe und perlenbestickte Mokassins. Neben den historischen Arbeiten der Silberschmiede kann man auch zeitgenössische Handwerker bei der Arbeit beobachten und ihre Stücke käuflich erwerben. Wir lernen wieder einmal viel über das Leben der unterschiedlichen Stämme (leider vergessen wir auch immer wieder genauso viel!).

Als wir aus dem Museum kommen, ziehen dicke Wolken über die Berge. Wir fahren trotzdem auf den Signal Mountain. Oben gibt es leider nicht mehr viel zu sehen, der Nebel hat die Aussicht verschluckt. Am interessantesten sind die Verkehrsschilder, die vor einer kurvenreichen und gefährlichen Straße warnen (die wir aber nicht vorfinden). Oben fressen uns die Mücken.

Wir halten nun noch an der Chapel of the Sacred Heart, einer kleinen Kapelle mitten im Wald. Ganz aus Holzstämmen gebaut, handelt es sich dabei um die im Sommer genutzte Kapelle der katholischen Kirche von Jackson (18.1). Sie wurde 1930 erbaut und 2003 renoviert. Obwohl sie recht klein aussieht, soll sie doch 140 Leuten Platz bieten.

Chapel of the Sacred Heart

Wir fahren weiter zu dem absoluten Highlight des Grand Teton, ich spreche vom Jenny Lake. Leider sehen wir hier nur noch den See, die dahinterliegenden Berge, die einen unverzichtbaren Teil des atemberaubenden Panoramas ausmachen, sind leider ganz in den Wolken verschwunden.

Wir entschließen uns, morgen wiederzukommen und fahren erst einmal nach Jackson. Hier suchen wir ein Hotel und finden die Virginian Lodge (18.2). Es soll das Hotel mit dem besten Preis-Leistungs-Verhältnis in diesem Urlaub werden. Die Zimmer sind groß und die ganze Anlage ist sehr sauber. Sogar einen Pool gibt es, direkt vor der Tür. Aber leider hat jetzt der Regen voll eingesetzt. Wir wollen nicht in ein Restaurant gehen, aber wir haben ein Albertsons gesehen. Das sichert immer eine hervorragende Versorgung.

18.1

Wer sich näher für die Gemeinde interessiert oder bei Gelegenheit einmal einem Gottesdienst beiwohnen möchte, findet hier nähere Informationen:
www.olmcatholic.org

18.2

Aus meiner rein subjektiven Sicht ist die Virginian Lodge sehr empfehlenswert. Die Beurteilungen auf einigen Buchungsseiten bestätigen meine Meinung:
virginianlodge.com

19. Eine Maus im Laden

Tiefsttemperatur 37 °F (siehe 3.1)
Continental Divide 9900 fts

Wir brechen früh auf, weil wir hoffen, dass das Wetter morgens besser ist – falsch.

Wir lassen uns davon aber nicht abschrecken und fahren nach Jackson Hole. Dieser weltberühmte Wintersportort begrüßt uns mit zahlreichen Hotels und noch mehr Gasthäusern, die auf so klangvolle Namen wie "Alpenhof" hören. Leider spüren wir aber das Phänomen, dass Wintersportorte im Frühjahr ohne Touristen reichlich tot aussehen. Sogar die Pferde für die angebotenen Ausritte in die Umgebung beobachten gesattelt, aber mit hängenden Köpfen die Wolken. Wir fahren deshalb zum Visitor Center, übrigens ein sehr schöner moderner Bau am Südeingang, und sehen uns den obligatorischen Film an. Während wir auf den Beginn des Films warten, gehen wir ein wenig einkaufen, ein Buch mit indianischen Weisheiten und ein Video über den Park (in der Sonne!).

Später führt uns unser Weg zur Chapel of the Transfiguration. Dort machen wir ein paar Fotos. Leider ist die Sonne immer noch nicht zu sehen, so dass der Ausblick über den Altar hinaus auf die Berge, der in unserem Reiseführer extra als besonderes Highlight der Kapelle beschrieben ist, kaum zu erhaschen ist (19.1). Der Weg führt weiter zur historischen Ferry. Die Konstruktion wirkt auf uns recht abenteuerlich, zumal der Fluss darunter aufgrund der Schneeschmelze (und des Regens) erstaunlich viel Wasser führt und schäumend brodelt. Wir wagen uns nicht recht vorzustellen, wie eine Überquerung aussehen mag. Am Ufer steht das Gebäude für die Versorgung: General Supplies.

Chapel of the Transfiguration

Als wir den Laden gerade betreten wollen, wagen sich ein paar Sonnenstrahlen heraus. Da setze ich mich doch schnell in den Schaukelstuhl auf die Terrasse und genieße diese.
Im Laden ist es urgemütlich. Es werden von fleißigen Hausfrauen selbstgebackene Kekse angeboten und man kann die Waren des täglichen Bedarfs der damaligen Zeit erwerben. Da thronen auf den Regalen Mehltüten und bunte Bonbons, Kochtöpfe und bemalte Metallbecher, Kaffee- und Gewürzdosen und im Nebenraum hängen neue Hauben und bestickte Schürzen. An der Kasse kann man noch das eine oder andere Spielzeug oder Schmuckstück kaufen. Und zu all dieser Idylle passt auch noch die kleine Hausmaus, die aus einer Ecke vorwitzig hervorlugt (wirklich!) (19.2).

General Supplies

Am Jenny Lake scheint zwar nicht gerade die Sonne, aber man sieht heute wenigstens ein wenig die Berge. Ein paar Fotos werden ganz schön. Wir machen noch ein kurzes Picknick-Lunch mit Aussicht und beobachten Radfahrer, Motorradfahrer und Angler. Trotz des schlechten Wetters herrscht rund um den See reges Treiben.

Am Jenny Lake – leider ohne Sonne

Wir verabschieden uns vom Grand Teton National Park, der uns trotz des schlechten Wetters beeindruckt hat. Mal sehen, vielleicht kommen wir mal wieder und sehen uns die Berge im Sonnenschein an. Auf dem schnellsten Weg geht es nun in Richtung Interstate 80. Wir haben Glück und können am Wegesrand sogar noch Pronghorns (19.3) sehen, die hier ganz selten sind.

Der erste Ort, auf den wir treffen, ist Dubois. Wir hätten nicht erwartet, auf soviel Tourismus zu treffen. Aber offensichtlich sind wir auf einer Einfallstraße in den Grand Teton National Park. Die Straße hat Dots (19.4), und dies völlig zu Recht. Es geht weiter durch das Wind River Indian Reservat. Wir tanken, weil dies in den Reservaten meist günstiger ist. Die Armseligkeit der Umgebung erschüttert uns. Kleine, verfallene Hütten, alte Autos, nicht sehr schön. Die Landschaft hingegen ist traumhaft, obwohl es wieder regnet. So halten wir kaum an. Fotos werden meist aus dem Auto heraus gemacht. Bald gießt es in Strömen. In Lander machen wir kurz Pause und trinken einen Kaffee bei McDonald's. Den Ort kann man eigentlich auch von der Landkarte streichen. Es sollen ca. 200 km Landschaft und nichts als Landschaft folgen. Bevor wir uns auf die Strecke begeben, passieren wir ein Hinweisschild mit der Bemerkung, dass die Straße gesperrt ist, wenn die Signale leuchten. Wir sind froh, dass dies heute nicht der Fall ist, der Umweg wäre gewaltig. Ab und zu ein Haus, viele Kühe und viele, viele Felsen. In Rawlins erreichen wir die Interstate 80. Da es an den Auf- und Abfahrten der Interstates immer Hotels gibt, brauchen wir nicht lange zu suchen und entscheiden uns für ein Quality Inn zu einem günstigen Preis (wir erhalten einen Senior Discount! Mein Mann hat mal wieder verhandelt – es könnte aber auch daran liegen, dass noch keine Saison ist). Das Hotel bietet uns außerdem einen Gutschein für

das Frühstück im angeschlossenen Restaurant (19.5).
In Ermangelung einer anderweitigen Alternative beschließen wir, das Restaurant mit Namen Hoot &
Howl gleich heute Abend auszuprobieren. Claus hat
ein Sandwich und ich bestelle Pasta mit Hähnchen
und Kapern in Zitronensauce. Wenn die hier schreiben, mit Kapern, meinen die auch, mit(!) Kapern. Aber
es ist sehr gut und die Portionen sind riesig. Gestärkt
fallen wir ins Bett.

19.1

Googeln Sie mal den Namen der Chapel und sehen Sie sich die Bilder in der Sonne an, es lohnt sich!

19.2

Sie haben mir nicht geglaubt, oder?
Aber hier ist der Beweis, wenn auch nicht ganz scharf, da wir nicht schnell genug mit der Kamera waren.

19.3

Hier können Sie mehr über Pronghorns erfahren, die zu den schnellsten Säugetieren Amerikas gehören:
www.desertusa.com

19.4

Dies meint in meinem Sprachgebrauch Straßen, die auf der Karte mit Punkten hervorgehoben sind, weil sie landschaftlich besonders schön sind.

19.5

Vereinzelt kann es schon einmal vorkommen, dass ein Hotel einen Gutschein für ein Frühstück in einem angeschlossenen Restaurant anbietet. Dies ist meist dann der Fall, wenn es im Hotel selber eigentlich Frühstücksbuffet gibt, aber dies wegen zu geringer Anzahl der Übernachtungsgäste nicht aufgebaut wird.

20. Laramie und das State Prison

Das Wetter ist leider nicht besser geworden. Zum Ausgleich gehen wir frühstücken, und das Frühstück ist der Hammer. Der Gutschein erlaubt eine Auswahl aus den Nummern 1 - 6 auf der Karte. Wir brauchen anschließend, ich glaube, es ist das erste Mal bei einem Frühstück, eine Box. Claus hat zwei Eier, vier halbe Scheiben Toast, Hash Browns und ½ lb. Hamburger Patty. Ich "nur" zwei Pancakes und ein Hamburger Patty. Wir müssen nur den Kaffee bezahlen. Für 3 $ haben wir noch nie so gut gegessen. Aber auch für den vollen Preis von 6,99 $ wäre das Angebot sehr gut.

Wir verlassen Rawlins auf der Interstate 8 nach Osten. Nach ca. 12 Meilen fahren wir ab nach Fort Fred Steele (22.1). Dieses Fort wurde 1868 gegründet und war bis 1886 in Betrieb. Es diente dem Schutz der Arbeiter der transkontinentalen Eisenbahn. Im Gefolge dieser kamen Siedler, Minenarbeiter und Viehhirten, die das Territorium besiedelten.

Heute gibt es hier nur ein paar Ruinen, aber diese sind sehr interessant beschildert und dokumentiert. Zwischen den Backsteinen blühen vereinzelt Blumen. Wir erkunden alles gründlich, zumal der Regen zwischenzeitlich aufgehört hat. Es ist aber lausig kalt, ich ziehe sogar freiwillig ein Unterhemd an. Nächster Halt ist Laramie. Dort sehen wir uns (Moment, wie lautet der volle Name?) das, nein, die Wyoming Territorial Prison State Historic Site (20.2) an. Es handelt sich hierbei um das Staatsgefängnis bis 1901. Dort war u. a. Butch Cassidy inhaftiert. Auf den Schildern steht:

"He served!" Das Gefängnis gilt als das am besten rekonstruierte Beispiel für ein Gefängnis des "Wilden Westens".
Eine geführte Tour gibt es heute in Ermangelung von Teilnehmern allerdings nicht, aber alles ist genau auf einer self-guided Tour beschrieben.

Wyoming Territorial Prison State Historic Site

Anschließend suchen wir in Laramie noch den Campus der State University. Dieser soll, laut Reiseführer, auch sehenswert sein, wir finden ihn allerdings lange nicht so sehenswert wie den in Boulder. Die Gebäude sind doch mehr oder weniger unscheinbar. Vielleicht liegt es aber auch nur daran, dass der Regen wieder eingesetzt hat.
Die Interstate 80 führt uns nun Richtung Cheyenne. Nach ein paar Meilen haben wir den höchsten Punkt der Strecke erreicht. Hier steht eine ziemlich große Büste von Abraham Lincoln. Leider ist sie nicht so besonders gut zu sehen, denn mittlerweile fahren wir durch dichten Nebel. Die Temperatur ist auch wieder auf 37 °F gesunken.

Abraham Lincoln an der I-80 im Nebel

Die Zeit in Cheyenne reicht gerade noch für die Besichtigung des State Capitol (20.3). Wir lesen in unserem Reiseführer, dass der Bau 1887 begonnen wurde. Er besteht aus Sandstein aus Fort Collins, Colorado, und aus Rawlins, Wyoming (da waren wir doch gerade!). Historisch ist es eines der bedeutendsten Gebäude des Staates (sind das State Capitols nicht immer?).

Da heute ein Wochentag ist, können wir in das Gebäude hinein. Wir werden auch gleich freundlich empfangen. Die Dame am Eingang weist uns auf die Sehenswürdigkeiten hin. Der Bau ist auch von innen sehr sehenswert. Wir besichtigen die Eingangshalle, die beiden Plenarsäle, den Anhörungsraum und die Tiffany-Decken. An den Wänden hängen Bilder aller Abgeordneten jeder Legislaturperiode.

Wir treffen nun die kluge Entscheidung, heute in Cheyenne zu übernachten und nicht noch weiterzufahren. Wir haben so ein wenig Zeit für die Besichtigung der Stadt gewonnen und fahren noch zu einem kleinen Park, wo wir eine große Lokomotive, die Big Boy (20.4), besichtigen. Diese hier machte ihre letzte Fahrt 1958 von Cheyenne nach Laramie.

Die Lokomotive Big Boy in Cheyenne

Im Park treffen wir auf zwei Ehepaare aus dem deutschen Osten, mit denen wir in West Yellowstone das Hotel geteilt haben – die Welt ist klein in Amerika. Wir landen schließlich wieder in einem La Quinta Inn.

20.1

Nähere Einzelheiten zum Fort finden Sie unter:
www.wyomingheritage.org/fortFredSteele.html

20.2

Interessante Geschichten rund um das Gefängnis, seine Geschichte und die Geschichte der Inhaftierten, darunter auch, eine Seltenheit im Wilden Westen, Frauen, finden Sie auf der eigenen Website der Anlage: www.wyomingterritorialprison.com

20.3

Nähere Informationen in sehr ansprechender Form bietet die Website von Cheyenne. Dort kann man auch einen Visitor Guide herunterladen:
www.cheyenne.org

Big Boy steht für die Lokomotive der UP-Klasse 4000 der Union Pacific Railroad.
Wer sich näher für die Geschichte dieser großen Lokomotive interessiert, von der nur 25 Exemplare gebaut wurden, kann unter folgendem Link nachlesen: wikipedia.org/wiki/UP-Klasse_4000

Wer sehen will, wie diese Lok in Fahrt aussieht, findet verschiedene Videos unter dem Stichwort "Big Boy" bei: www.youtube.com

Nähere technische Details (für Eisenbahnfans) finden sich unter: www.steamlocomotive.com/bigboy

21. Cheyenne ist doch sehenswert

Da das Wetter mal wieder ziemlich schlecht ist, entscheiden wir uns für einen Einkaufsbummel. In den Yellow Pages (21.1) finden wir ein Ross (21.2) in einer Mall. Wir suchen noch ein paar Kleidungsstücke als Mitbringsel, finden aber leider heute nichts Passendes. Wir kaufen nur ein T-Shirt und eine Jeans für mich. In der angrenzenden Mall erstehe ich noch ein Parfüm mit Namen "Magnifique". Es ist vom gleichen Hersteller wie meine bisherige bevorzugte Marke "Trésor" und duftet auch ähnlich. Mal sehen, was es im Duty Free kostet oder im Flieger (es ist dort nicht billiger, Gott sei Dank!) (21.3).
Nachdem ich nun "ausgeshoppt" bin, kommt mein Mann wieder zu seinem Recht. Der Reiseführer bringt uns in den Lions Park. Dort ist eine weitere Lok, Engine 1242, ausgestellt. Es handelt sich dabei um die älteste Dampflokomotive Wyomings, die 1890 gebaut wurde und bis 1954 in Betrieb war. Sie ist auch deshalb so sehenswert, weil sie von einem außergewöhnlichen Zaun umgeben ist. Der letzte Lokführer von Engine 1242, Floyd Young, hat ihn gebaut und er erzählt die Geschichte der Lokomotive (21.4).

Engine 1242 hinter dem Zaun von Floyd Young

Dann geht es doch noch zum Railroad Museum (vgl. 3) im Bahnhof. Hier waren wir doch schon einmal?! Das Museum ist schöner als erwartet. Im Erdgeschoss finden sich viele interessante Schautafeln, aber das Prunkstück ist der erste Stock. Hier ist eine alte Gepäckaufbewahrung nachgebaut. Überall liegen Gepäckstücke herum, die man in die Hand nehmen kann, sogar Kleidungsstücke kann man anprobieren. Das gibt wieder einmal ein paar hübsche Fotos.

Im Depot von Cheyenne

Nun geht es wieder in Richtung Denver, wir haben den Kreis geschlossen. In Loveland machen wir eine kurze Pause, aber der Cracker Barrel (21.5) macht uns heute nicht an, wir haben einfach keinen Hunger und wollen uns auch erst ein Hotel suchen. Wir beginnen unsere Suche in Boulder, aber hier sind uns die Hotels zu teuer, ausgebucht oder zu weit außerhalb. Ein Motel dicht an den Bergen finden wir zwar recht malerisch, aber der Raum ist zu klein. Wir möchten gerne einen großen Raum haben, damit wir bequem Koffer packen können.

Schließlich haben wir eine großartige Idee. Warum fahren wir nicht wieder nach Louisville ins La Quinta Inn?

Dort bekommen wir ein schönes Zimmer mit Blick auf Pool und Berge und einen Sonderpreis mit AAA-Discount.

Wir beschließen den Tag mit einem außergewöhnlich guten Essen im Outback Steakhouse (21.6). Claus kann sich nicht gleich zwischen zwei Biersorten entscheiden, also bekommt er beide erst einmal als Probedrink in einem nur unwesentlich kleineren Glas. Ich trinke einen Marguerita. Die Steaks sind ausgezeichnet.

21.1

Die "Yellow Pages" entsprechen in Form und Inhalt genau den deutschen "Gelben Seiten" und man findet sie gewöhnlich in den Nachttischschubladen der Hotels.

21.2

"Ross - Dress for Less" ist eine Handelskette, in der man Bekleidung, Drogerieartikel und Koffer kaufen kann. Es werden Markenwaren der vergangenen Saison zu einem teilweise erheblich reduzierten Preis im Vergleich zu Spezialgeschäften angeboten. Auf der Internetseite findet man auch einen Store Finder unter: www.rossstores.com

21.3

Parfüm und Drogerieartikel sind in den USA billiger als in deutschen Geschäften und manchmal sogar billiger als im Duty Free Shop am Flughafen.

21.4

Sollten Sie auch zu den Eisenbahnfans gehören, sei Ihnen die nachfolgende Seite empfohlen:
www.cheyenne.org/things-to-do/train-attractions
Dort finden Sie Erläuterungen zu den Ausstellungsstücken in Cheyenne und die Historie des Bahnhofs.
Leider haben wir die berühmten "Depot Days", die jedes Jahr am dritten Wochenende im Mai stattfinden, in diesem Urlaub knapp verpasst.

21.5

Falls ich es noch nicht erwähnt haben sollte, Cracker Barrel ist eines unserer Lieblingsrestaurants. Neben dem guten Essen genießen wir hier auch immer das Bummeln in dem obligatorischen Geschäft im Eingangsbereich, in dem man so schöne Dinge entdecken und kaufen kann. Einen Einblick bietet die Internetseite: www.crackerbarrel.com

21.6

Eine weitere empfehlenswerte Restaurantkette mit u. a. ausgezeichneten Steaks. Der Gast soll sich hier fühlen wie im australischen Outback. Die Portionen sind reichlich, die Preise moderat und es gibt alkoholische Getränke: www.outback.com

Ein typisches Outback Steakhouse

Rechnung mit vorgeschlagener Höhe des Trinkgeldes zwischen 15 und 20 Prozent (Quick Guide)

22. Railroad in Golden

Das Wetter ist noch immer nicht besser geworden (aber immerhin auch nicht schlechter). TOMTOM führt uns zu Bass Pro (22.1). Ich finde, man kennt Amerika nicht, wenn man noch nie in einem Bass Pro war. Wir kaufen für Claus groß ein, Jeans (wir haben gleich die Auswahl zwischen drei Jeans und entscheiden uns für eine Boot Cut mit breiterem Schlag), Hemden mit kurzem und mit langem Arm und für mich eine sehr schöne Bluse. Nur mit den Schuhen, die ich noch gerne hätte, haben wir kein Glück. Als wir beladen aus dem Geschäft kommen, ist der Himmel strahlend blau – wie schön. So kann man sich die Zeit bei schlechtem Wetter auch vertreiben.

Wir fahren sofort los in Richtung Rocky Mountains. Leider hängen aber die Wolken über den Bergen fest. Die Sonne reicht gerade noch bis Golden. Auch gut, hier ist das Colorado Railroad Museum (22.2). Wir waren hier zwar schon einmal, aber das ist doch schon einige Zeit her, und Eisenbahnen werden immer gerne besichtigt. Außerdem gibt es jede Menge Veränderungen. Das Museum hat eine größere Spende erhalten und diese sehr sinnvoll eingesetzt. Es gibt eine neue Drehscheibe und zwei neue Gleise (22.3).

Galloping Goose im Colorado RR Museum

Das kleine neue Roundhouse (22.4) kann man auch besichtigen. Wir schleichen uns durch das große Tor herein. Zwar werden wir freundlich darauf hingewiesen, dass dies nicht der Besuchereingang ist, aber wir dürfen bleiben, sollen nur vorsichtig sein und in keine Grube fallen.

Wir spielen Fangen mit der Sonne und laufen immer wieder hin und her, je nachdem, ob die Sonne scheint oder nicht. Unzählige Fotos entstehen doppelt.

Schließlich haben wir wohl alles gesehen. Ein Besuch im Museumsgebäude rundet die Visite ab. Hier können wir noch einige schöne Schilder aus der Geschichte der Eisenbahnen bewundern und sehen uns eine Modelleisenbahnausstellung an.

Als wir das Museum verlassen, scheint immer noch die Sonne, also beschließen wir, doch noch ein wenig in die Berge zu fahren. Wir wollen auf einem Umweg über Nederland nach Boulder. Die Straße windet sich sehr malerisch an einem kleinen Fluss entlang nach Black Hawk (22.5). Dort trifft uns fast der Schlag. Sind wir in Las Vegas? Überall springen riesige Casinos aus dem Berg.

Unfassbar, ein Casino neben dem anderen. An einigen Stellen können wir aber noch die Spuren der ursprünglichen alten Siedlung entdecken. Wir biegen ab, gehen ein wenig bummeln und suchen dann ein Casino Buffet. Das Buffet bietet Dinner für 16,50 $ und es ist sehr gut.

Black Hawk in den Bergen bei Golden

Der Rückweg ist dann ein Schock für unser Navigationsgerät. Es kennt die neue zweispurige Interstate noch nicht und ist die ganze Fahrt bis nach Denver hinein "offroad". Wir haben hier die Erfahrung gemacht, dass Geld doch Berge versetzt.

22.1

Sie merken schon, am Ende des Urlaubs beginnt bei uns das große Einkaufen.
Bass Pro ist eine Kette sogenannter Outdoor Stores. Neben der riesigen Auswahl an Bekleidung, Campingartikeln, Anglerbedarf und Jagdwaffen ist auch das Geschäft besonders dekoriert mit Wasserfällen, ausgestopften Wildtieren und (in Las Vegas) mit einem Aquarium: www.basspro.com

22.2

Das Colorado Railroad Museum wurde 1959 von einem privaten Verein gegründet. Es beherbergt heute über 100 Ausstellungsstücke und ein kleines Museum. An Sonn- und Feiertagen operiert eine kleine Museumsbahn: www.coloradorailroadmuseum.org

22.3

Als Geese (Plural von Goose, ursprünglich Galloping Goose) wurden Eisenbahnwagen bezeichnet, die zwischen 1931 und 1936 von der en.wikipedia/org/wiki/Rio_Grande_Southern_Railroad (RGS) gebaut wurden und bis zum Ende der 1950er Jahre im Einsatz waren.

22.4

Ein sogenanntes Roundhouse ist ein großes rundes oder halbrundes Gebäude zur Reparatur, Instandhaltung und Unterbringung von Dampflokomotiven. Normalerweise befindet sich davor eine Drehscheibe. Nähere Informationen über Rundlokschuppen finden sich unter: en.wikipedia.org/wiki/Roundhouse
So langsam werden Sie sicher auch fit im Eisenbahnfachjargon, oder?

22.5

Black Hawk wurde 1859 als Bergarbeitersiedlung gegründet und ist heute die größte Spielerstadt in Colorado. Es gibt hier 18 Casinos. Näheres unter: www.blackhawkcolorado.com

23. Peak to Peak Highway

Das Wetter sieht besser aus. Warum fange ich eigentlich jeden Tagesbericht mit dem Wetter an?!
Übrigens verrät uns der tägliche Wetterbericht im TV, dass es während unseres Urlaubs eine Region in den USA gibt, wo das Wetter ununterbrochen noch schlechter ist als bei uns – Florida!
Wir entschließen uns, noch einen letzten Anlauf in Richtung Rocky Mountain NP zu machen. Der Peak to Peak Highway (23.1) wurde 1918 fertiggestellt und ist damit Colorados ältester Scenic Byway. Er führt über Boulder nach Nederland und weiter nach Estes Park. Wir können die Berge im Sonnenschein bewundern, fantastisch! Auf dem Weg machen wir Halt in Allenspark bei der St. Catherin's Church and Retreat (23.2). Ein Kloster mit einer sehr schönen Kirche. Dort kann man sich auch trauen lassen, allerdings zu außerordentlich hohen Preisen.

St. Catherin's Church

Wir kommen bei strahlendem Sonnenschein bis zum Lilly Lake. Dort, an der Grenze zum Rocky Mountain National Park, ist die Sonne dann mit einem Mal weg. Nur Wolken über Estes Park. Der Rocky Mountain NP hat also in diesem Urlaub endgültig verloren. Wir werden aber sicher wiederkommen. Die Berge sind einfach zu schön.

Wir fahren nach Denver zurück. Nach einem Halt beim Walmart geht es in Richtung Innenstadt zu Caboose Hobbies, dem größten Modelleisenbahnladen der USA. Leider bezieht sich diese Größe nur auf die Spur H0 (23.3). Die Auswahl an G-Scale ist mehr als dürftig. Wir kaufen nichts, sondern bewundern nur die ausgestellten Displays.

Nun wird es Zeit, zum Hotel zurückzufahren, und während ich dort packe, springt Claus wenigstens noch einmal kurz in den Pool. Leider wird sein Schwimmen abgekürzt. Ein Hotelangestellter bittet ihn, wegen des aufziehenden Gewitters den Pool zu verlassen.

Wir probieren unsere neue Kofferwaage aus und verteilen das Gewicht gleichmäßig auf die Koffer. Dann gehen wir zum Abendessen bei einem Mexikaner. Es gibt eine gemischte Platte und Corona.

Noch ein großes Bier auf dem Zimmer und ich schlafe tief und fest.

23.1

Eine Karte des Straßenverlaufs finden Sie unter:
www.coloradodirectory.com/maps/peak.html

23.2

wikipedia.org/wiki/Chapel_on_the_Rock

23.3

sprich: Ha-Null.
Die Nenngröße H0 für Modelleisenbahnen hat den
Maßstab 1:87. Mein Mann interessiert sich eher für
die sogenannte G Scale im Maßstab 1:22,5, besser
bekannt auch als LGB (Lehmanns Garten Bahn), die
inzwischen zu Märklin gehört. Noch mehr Informationen finden Sie bei Wikipedia unter:
en.wikipedia.org/wiki/G_scale

24. Back again

Aufstehen ist um 6.30 Uhr angesagt. Frühstück um 7 Uhr, um 8 Uhr sind wir auf der Interstate Richtung Flughafen. Wir kommen sehr gut durch und auch die Abgabe des Mietwagens ist wie immer völlig problemlos. Claus freut sich wie ein kleines Kind, dass er es diesmal geschafft hat, wirklich mit dem allerletzten Tropfen Benzin an der Vermietstation anzukommen. Oder sollte ich besser sagen, bis zur Vermietstation zu kommen? Der Tacho zeigt nur noch eine Reichweite von wenigen Meilen.

Unser Flug mit Delta Airlines nach Cincinnati ist mehr als pünktlich und ruhig. Wir sind fast 30 Minuten schneller als geplant, was allerdings unsere Wartezeit dort auf stattliche 4 Std. 30 Minuten anwachsen lässt.

Der Flughafen in Cincinnati, klein und leer

Der Pilot fliegt rasant. Gleich nach dem Start geht er in eine Steilkurve, die aus meiner Sicht den Boden bedenklich nahe kommen lässt. Und auch die Landung ist reichlich "bumpy".

In Cincinnati lernen wir den Flughafen gut kennen. Da es ein ziemlich kleiner Flughafen ist, haben wir mehr als genug Zeit, uns alles anzusehen. Aber er gefällt uns sehr gut, denn er ist gut ausgestattet – es gibt alles. Ich bekomme bei McDonald's sogar ein "free refill".

Der Rückflug nach Deutschland ist auch recht ruhig, Claus schläft, ich mache mal wieder Sudoku. Die Maschine ist nicht ganz so neu wie auf dem Hinflug, aber die Passagiere sollten ja auch schlafen und nicht dem Unterhaltungsprogramm folgen. Ausnahmen wie ich bestätigen die Regel.

Der Taxitransfer zurück muss diesmal auf uns warten, denn ein Koffer hat sich verspätet, kommt aber schließlich doch noch. Wir sind wieder zu Hause. Ein schöner Urlaub ist zu Ende.

25. Literaturliste

Leider gibt es bis heute nur sehr wenige Reiseführer über das Gebiet der Rocky Mountains. So vielfältig die Reiseführer über Kalifornien oder Florida sind, so gering ist die Ausbeute für diesen faszinierenden Teil der USA.

Für einen ersten Überblick genügt der Green Guide USA West von Michelin, der auch den Vorteil hat, die einzelnen Sehenswürdigkeiten zu gewichten. Diese Sterncheneinteilung deckt sich dabei gut mit unseren eigenen Erfahrungen (aber das ist natürlich rein subjektiv).

Gute Erfahrungen haben wir auch mit den Moon Handbooks gemacht. Diese sind allerdings nach Bundesstaaten geordnet, so dass man für eine Reise manchmal mehrere Bände braucht. Eine Aufstellung aller lieferbaren Titel findet sich unter: moon.com

Carter G. Walker
Moon Montana & Wyoming: Including Yellowstone & Glacier National Parks
Avalon Travel Publishing (31. Mai 2011)

Vista Point Reiseführer
Heike und Bernd Wagner
Rocky Mountains: Colorado. Idaho. Montana. South Dakota. Utah. Wyoming.
Vista Point Verlag; 6., aktualisierte Auflage (23. Juli 2013)

Reise Know-How
Hans-Rudolf Grundmann, Isabel Synnatschke:
USA – Der ganze Westen: Das komplette Handbuch
für Reisen zu Nationalparks, Cities und vielen Zielen
abseits der Hauptrouten in allen Weststaaten
Reise Know-How Verlag Grundmann; 19., kompl.
aktual. Auflage (15. Februar 2013)

Iwanowski Reiseführer
Dirk Kruse-Etzbach
USA, Nordwesten
Verlag Iwanowski; 8. Auflage (26. Oktober 2011)

Horst Schmidt-Brümmer
USA Der Westen
Vista Point Verlag; 12. Auflage (13. November 2013)

Rudolf R. Knirsch
Unterwegs im Wilden Westen. Band 2: Washington,
Montana, Wyoming, Idaho, Oregon: Reiseverführer
für Aktive.
Verlag Regina Knirsch; 1. Auflage (2006)

Wenn Sie vorab schon einmal vom Yellowstone National Park träumen möchten, empfehle ich Ihnen den praktischen Tischaufsteller von

Tanja Ratsch:
Die schönsten Ziele im Yellowstone National Park –
Fotoreise für 52 Wochen. Zu beziehen unter:
www.natures-gallery.de

26. Links im Internet

Im Text genannte Links in alphabetischer Reihenfol-ge:

www.1880train.com
www.allblackhills.com/scenic_drives/iron_mountain_road.php
www.basspro.com
www.beermonthclub.com
bitterestersbrewhouse.com
www.blackhawkcolorado.com
www.buffalobill.org
www.bbdvc.com
www.bbhc.org
www.cheyenne.org
www.cheyenne.org/things-to-do/train-attractions
www.coloradodirectory.com
coloradorailroadmuseum.org
www.crazyhorsememorial.org
www.custersd.com
www.deadwood.org
www.department56.com
www.desertusa.com
www.findagrave.com
www.fortphilkearny.com
gfp.sd.gov/state-parks/directory/custer/
www.imdb.com
www.internationalgiftitems.com/state-magnets-usa
www.kcpublications.com
www.lanekendrick.com
www.lauraingallswilderhome.com
www.mountrushmoreinfo.com
National Historic Civil Engineering Landmark.

www.olmcatholic.org
www.ourdocuments.gov
Rio Grande Southern Railroad
www.rossstores.com
www.steamlocomotive.com/bigboy
www.sturgismotorcyclerally.com
travelmontana.mt.gov
www.today.com/travel
www.travelsd.com/Attractions/Mount-Rushmore
www.unserekleinefarm.info
visitmt.com
www.walldrug.com
www.walmart.com
de.wikipedia.org/wiki_1988
wikipedia.org/wiki/Chapel_on_the_Rock
wikipedia.org/wiki/Roundhouse
en.wikipedia.org/wiki/Spelling_bee
wikipedia.org/wiki/UP-Klasse_4000
www.wyomingheritage.org
www.wyomingterritorialprison.com
www.wyomingtourism.org
www.youtube.com

Zusätzlich zu den im Text und in den Anmerkungen erwähnten Links finden Sie hier noch eine Aufstellung von interessanten Seiten, die Sie bei der Planung eines Urlaubs nicht nur im "Büffelland" berücksichtigen sollten:

Tourismusinformationen:

www.nps.gov
hwww.coloradodot.info
www.myscenicdrives.com
www.coloradodirectory.com
www.mt.gov
www.wyomingtourism.org
www.denver.org
www.visitnebraska.com/deutsch
www.yellowstonenationalpark.com

Seiten mit Reiseberichten und Hinweisen:

www.usa-reise.de
www.us-infos.de
www.usa-reisetipps.net

www.indianer.de
www.indianerwww.de

www.westernladys-world.net
www.lalasreisen.de
www.zehrer-online.de

Hotels:

www.lq.com (La Quinta Inns)
www.bestwestern.com
www.oaktreeinn.com
www.daysinn.com
www.comfortinn.com
www.econolodge.com

Eine umfangreiche Aufstellung vieler Hotelketten finden Sie unter: www.magazinusa.com

www.bavarianinnsd.com
virginianlodge.com
www.hiexpress.com/ (Holiday Inn Express)
cedarwoodinn.com
www.bluegables.com
ranchesterwesternmotel.net
www.yellowstonenationalparklodges.com
yellowstonevacations.com (City Center Motel, West
Yellowstone)

Restaurants:

Wenn Sie Spaß am Sammeln von Restaurantketten
haben, können Sie die folgende Aufstellung abarbei-
ten: www.us-infos.de

www.crackerbarrel.com
www.outback.com
www.tgifridays.com
runningbearph.com

27. Karte

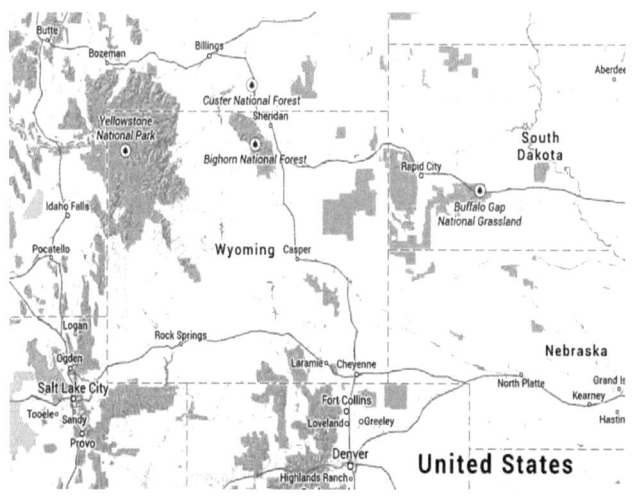

Lieber Leser,

ich hoffe, Sie hatten beim Lesen meines Buches soviel Spaß wie wir im geschilderten Urlaub. Alles habe ich so wiedergegeben, wie mein Tagebuch es in Erinnerung hat. Allerdings habe ich die Tipps, Links und Hinweise aktualisiert.
Dabei war ich sehr sorgfältig, kann aber natürlich keine Gewähr für die Richtigkeit aller Angaben übernehmen. Das gilt besonders für die Inhalte der genannten Internet-Adressen und Buchtitel, die als Hilfestellung gedacht sind.
Sollten Sie dennoch Fehler bemerken oder Anregungen haben, würde ich mich über Ihre Rückmeldung unter meiner Mailadresse

petra.berneker@t-online.de

sehr freuen. Nun bleibt mir nur noch, Ihnen einen schönen Urlaub zu wünschen.
Ich hoffe, dass Sie selber einmal in der Lage sind, diese herrliche Gegend im Westen der USA zu besuchen.

Ihre

Petra Berneker

Weitere Bücher von Petra Berneker:

Seit 1987 ist die Autorin zusammen mit ihrem Mann in regelmäßigen Abständen in verschiedensten Regionen der USA unterwegs. Sowohl mit dem Auto als auch mit dem Wohnmobil hat sie dabei Land und Leute im wahrsten Sinne des Wortes "erfahren".
Im Frühjahr 2012 unternahm sie eine Überführungsfahrt mit einem Wohnmobil von Chicago nach Las Vegas.
Der vorliegende Reisebericht schildert die Besonderheiten dieser Reise und beleuchtet die dabei gesammelten Erfahrungen und Eindrücke.
Angereichert werden die gemachten Erlebnisse durch viele Hinweise und praktische Tipps, die in heiterer Form Vor- und Nachteile einer solchen Form des Reisens schildern.
Es handelt sich bei diesem Buch nicht um einen Reiseführer im herkömmlichen Sinne, vielmehr soll dem Leser in unterhaltsamer und kurzweiliger Form ein Einblick in das Reisen mit einem Wohnmobil gegeben werden.
Dieses Buch ist ein weiterer Band der Reihe "Amerikaverrückt".

ISBN: 978-3-73228-149-7